「ポーカーボイス&トーク」テクニック

嫌われずに「言い返す」技術

コミュニケーショントレーナー
司 拓也［著］

フォレスト出版

はじめに――「言われっぱなし」から卒業しよう

「どうすれば、もっとうまく言い返せるんだろう。ちょっとでも言い返すことができれば、ストレスも溜まらないのに……」

嫌味や悪口、マウンティング、ハラスメントの攻撃を仕掛けてくる相手に対して、誰もが一度や二度は感じたことがある悩みでしょう。

その相手が、会社の上司や同僚、クライアント、親、親せき、パートナーといった、切るに切れない、めんどくさい相手だったりすると厄介です。簡単に逃げたり、縁を切ったりすることができないからです。

結局、言いたいことが言えず、言われっぱなしで終わってしまい、こちら側のストレスだけがどんどん溜まってしまうわけです。

この本の目的は、ただ1つ。

「言い返せない」という悩みから、あなたを解放することです。

そう、「言われっぱなし」からの卒業です。

上司や同僚、クライアントからの理不尽な命令、要求、心ない言葉に対し、上手にかわし、相手に嫌な印象を与えずに言い返す方法（ポーカーボイス&トーク）を徹底解説します。

厄介な相手に、嫌われずに言い返す

では、「言い返す」という言葉を聞いて、あなたはどんなことをイメージしますか？

相手を論破する。相手をコテンパンにやっつける。自分の主張を押し通す……。

そんなことを想像する人もいるかもしれません。

しかし本書は、そのようなことを実現することを目的とした本ではありません。

職場や顧客との人間関係上、切るに切れない相手に好感を持ってもらいたいわけではないものの、嫌われたら厄介なことになる――。そんな、いわゆる「めんどくさい関係」の人間とのコミュニケーションを余儀なくされている人に役立つコミュニケーション術をお伝えしていきます。

類書でよく書かれている「論理的に伝えればわかってくれる」というものがありますが、あくまで理想的な話であり、それだけでは正直、うまくいきません。

なぜなら、人間は基本的に感情的な生き物であり、普段は論理的に考えられる人でも、感情が勝る場合があるからです。

特に、相手が人間関係の破壊を恐れなくていいほど強い立場にいる場合や、気が強く言葉のバリエーションに富む相手には、いくら論理的に伝えても、反撃され追い込まれるケースがほとんどです。

また、「距離を置いたらいい。何を言われても無関心でスルーすればいい」という意見もありますが、切るに切れない関係でそんな態度を取るのはきわめて難しいものです。

本書を読むと得られる数々のメリット

本書は、相手が攻撃的なコミュニケーションをしてきても、「動じていないように見える話し方」「ポーカーボイス&トーク」を身につけて相手の攻撃をかわし、相手に少しだけ言い返せるようになって、パワハラ的な相手に振り回されない自分をつくる本です。

この本を読むメリットを挙げてみます。

◎意見が伝えられる自分になることで自分自身を尊重し、自尊心を保つことができる。

◎言いたいことが言えることで、抑え込んでいた感情やストレスを軽減することができる。

◎自分の意見や感情をしっかりと伝えることで、周囲の人々からの支援や共感を得やすくなる。

◎言い返すことで、自分の意見をしっかりと持ち、問題解決のスキルも向上する。
◎自分を守るための言葉や態度を身につけることができ、他の場面でも役立つ。
◎自分の意見や感情を大切にすることで、自分自身を大切にする姿勢が醸成される。
◎言い返す姿を見せることで、他の人にハラスメントを受けた際の対処方法を示すことができる。
◎ハラスメントや困難な状況に立ち向かうことで、自己成長の機会となる。

「言われっぱなし」で終わるのではなく、相手に嫌われずに言い返すことができることはもちろん、副次的なメリットを手に入れることができます。

なぜ今までの「言い返し」本ではうまくいかないのか？

――4つの残念な思い込み

ただ、「言い返し」や「言い換え」に関する書籍は、今までも多く出ています。それなのに、なぜこれまでのやり方ではうまくいかないケースが出てくるのか？

それは、次の①〜④のようなことを思い込んで、実践しているからかもしれません。

◎思い込み①：論理的にわかりやすく伝えれば、わかってもらえる

多くの人は、「自分の意見を理論的に明確に伝えれば相手も納得する」と考えます。

しかし、あなたより絶対的な優位性を持つ相手は、自分の考えが最も正しいと信じています。たとえあなたが正しいことを伝えても「それはどうでもいい。うるさい！」と返されます。多くの書籍が提案する「わかりやすく論理的に伝える」方法だけでは太刀打ちできません。

◎思い込み②：相手とはできるだけ話さずに寡黙キャラを貫き、距離感をとって接する

できるだけ会話を少なくして「無関心キャラ」「寡黙なキャラ」「威圧感を出すキャラ」を演じて、距離をとることをすすめる方法も存在します。

たしかに、離脱したいときにすぐできる職場なら、それも効果的でしょう。

しかし、毎日かつ長期的に顔を合わせないといけないなど、密なかかわりを持たざ

るを得ない場合、あなたのその態度は、相手やまわりの人に「不遜《ふそん》で不機嫌なキャラ」「人によって態度が変わるキャラ」と映ってしまい、自身の評価を落としてしまう可能性があります。

そもそも、社内でその相手にだけキャラを変えて接するのはわざとらしさが出ますし、狭い社内の場合、距離をとって接触回数を減らすのは物理的にほぼ不可能でしょう。

◎思い込み③：言い返す言葉と事例を丸暗記して、それを再現すればうまくいく

言い返す言葉を暗記して、いざその場面で復唱すれば問題は解決すると思われていますが、それではうまくいきません。蚊の鳴くような声と強張った表情で伝えても、何も伝わりません。どんな声と表情で伝えるかをしっかり考えて使わないと逆効果です。

また何十、何百という会話のパターンを覚えても、実践で思い出せなければ意味はありません。

◎思い込み④：「やられたらやり返せばいい」と思っている

ミシガン大学のアクセルロッド教授の行なった実験を紹介します。

実験参加者に対戦ゲームをさせました。その中で最も成績が良かったチームは「相手が協調してきたら協調する。攻撃してきたらやり返す」というものでした。この、とてもシンプルな戦いをしたチームが好成績を残しました。

いわゆる「しっぺ返し戦略（tit for tat）」です。つまり、「やられたらやり返す」。ただこれは現実化するのは難しいと考えます。

やられたときにやり返せる相手は、相手が自分と対等か下、それに近い立場にいればこそできるものです。

相手が絶対的な強者である場合は、できるはずがありません。

そもそも職場や顧客との人間関係上、切るに切れない相手、嫌われたら余計に厄介な「めんどくさい」関係の相手には、この作戦は無理ゲーとなります。

嫌われずに言い返すための3つの重要エッセンス

総じて、言い返す方法やコミュニケーションのコツは、個人の状況や相手によって変わります。

一般的な方法やテクニックだけに頼るのではなく、自分自身の経験や感じることを大切にし、柔軟に対応することが重要です。

そのために必要な、本書で解説する核となるメソッドは次の3つです。

①無力化力
②カウンター力
③クッション力

①無力化力

ゲームをするときに攻略本があると、格段にゲームのクリアするスピードは速くなりますよね。

パワハラやモラハラを行なう人からの攻撃は、私たちを不安や恐怖にさらしますが、その攻撃の真意や背後にある目的を理解できると、恐怖は減少し、冷静に対処することが可能となります。

古くから伝わる日本のことわざに「岡目八目」という言葉があります。

これは、他人の囲碁の手筋を見ているとき、当事者よりも傍観者が8目先までの局面を的確に予測できることを意味しています。このことから、事態の真相や利益と損失を当事者以上に明確に把握できると言われてきました。相手の手の内がわかれば、恐れるものは何もありません。

「無力化力」を身につけることで、相手からの攻撃や意図を冷静に分析し、恐れることなく立ち向かうことができるようになります。

相手の攻撃パターンを把握する。防御の方法を知る。

相手は、あなたが反論できなくする心理的手法を駆使します。これは、意識的に、または長い経験を通じて習得した無意識の技術かもしれません。そのハラスメント的手法の仕組みを理解すれば、恐れることは何もありません。

②カウンター力

あなたが直面する攻撃的な言葉にどのように対応するか、その方法をお伝えします。格闘技に「カウンター」という用語がありますね。これは、相手からの攻撃に応じて反撃することを意味しますが、ここで伝授するテクニックの目的は、相手を打ち負かすことではありません。無駄に反撃して、さらに強い反発を受けるようなことは避けたいものです。

まず、**相手の攻撃的な態度を和らげる言葉の選び方**をお伝えします。

多くの人があなたを攻撃する背景には、自分への不安や自己肯定感の欠如があります。外見上は攻撃的に見えても、内心は脆弱《ぜいじゃく》なのです。

そうした相手の言葉に過度に反応し、攻撃的になることは避けましょう。それによって、相手のネガティブな感情が増幅される可能性があります。

本質的には、あなた自身は他人を攻撃するような性格を持っていないことを思い出してください。相手の悪意に染まり、ストレスを増加させるのは、人生の無駄以外の何ものでもありません。

次に、**相手に対して賢く、かつ洗練された言葉と声の返し方**を学びます。

その言葉と声には、名前があります。「ポーカートーク」と「ポーカーボイス」です。

◎ポーカートーク

「ポーカートーク」とは、相手に不安や恐怖を感じさせずに話すテクニックです。

会話中、何かと攻撃的な言葉を向けられることがあります。そのような瞬間、即座に的確に言葉を返す能力を「カウンター力」と称します。

このカウンター技術の核となるのは、3つの基本パターンです。

1「承認」

2「質問」

3「承認・質問」のコンビネーション

一見、多種多様な反応方法が必要に思えるかもしれませんが、実際にはこれら3つのパターンを駆使すれば、たいていの攻撃的な言葉に対処することができます。

現在、さまざまな「言い返し」や「言い換え」の手法を紹介する書籍や教材があります。その魅力は、多様な言葉の選択肢から適切なものを選ぶことができる点にあります。

しかし、それらをすべて記憶し、実際の場面で即座に使いこなすのは容易ではありません。


まずはポーカートークにおける3つの基本パターンをしっかりと覚えます。

その上で、それらをベースにした7つの応答フォーマット（「言い返し言葉作成テンプレート7」）をマスターすることを目指します。

お伝えする7つの応答フォーマットは、実際の会話の中での応用が容易であり、相手の攻撃性をうまく中和する効果があります。

繰り返しますが、本書の目的は相手を完全に打ち負かすことではありません。攻撃的な言葉を巧妙に受け流し、スマートに反応することに重点を置いています。

この7つのパターンを効果的に利用することで、相手はあなたを敵視することが次第に減っていきます。

◎ポーカーボイス

「ポーカーボイス」という聞き慣れない単語について、ちょっとだけ説明させてください。

みなさんは、「ポーカーフェイス」という言葉をご存じかと思います。

これは、ポーカーなどのゲームでよく使われる、目の前の相手に自分の感情をいっさい悟らせない表情のことです。何を言われても、どんな状況であっても感情を隠し続けるため、その人の考えていることや心理状態を理解することは誰にもできません。

ポーカーボイスも、まさにこれと同じ考え方です。

ポーカーボイスとは、「不安や恐怖を相手に悟られない声の出し方」を言います。声や話し方は、顔の表情と同様に、その人の性格や心の状態、自信の度合いを映し出します。

恐れの感情を抱いたまま、何も取り繕わずに「素」のままの声や話し方で攻撃してくる相手と接すると、あなたの心理状態は、対面している相手に筒抜けになってしまいます。

ポーカーボイスを使ってあなたの不安や恐怖を隠す「声」「話し方」を装うことで、自分の感情や想いを、相手に悟らせないようにすることができるのです。

ポーカートークで紹介する語彙の数は多くありません。

その限られた語彙での対話となると、ちょっと心配かもしれませんね。

ですが、心配は不要です。ポーカーボイスと合わせて使えば、相手はあなたを臆病者だとは感じなくなり、一目置いた存在とし、強い相手とみなし、攻めてこなくなります。

ポーカートーク
＋　　→　攻撃しようとしてもできない相手に認定される
ポーカーボイス

③クッションカ

「①無力化力」や「②カウンター力」といった技術はすべて、他者からの攻撃に応じて対処するための手段です。

つまり、それは「頭痛がしたら、頭痛薬を飲む」という対応と似ています。

一時的な症状を抑えるための対症療法にすぎません。

しかし、何度も繰り返される攻撃や圧力には、いつかあなたの精神が耐え切れなくなるかもしれません。

そんなときはどうしたらいいのでしょうか？

答えは「攻撃そのものをそもそも怖いと感じない心の強さ」を持つことです。

これを「メンタルクッション力」と呼びます。

この力を身につけると、他者からの攻撃やプレッシャーを受けても、それをダメージとして感じなくなります。

では、このメンタルクッション力をどのようにして養うのでしょうか？

そのための第一歩は、自分がなぜ心に痛みを感じてしまうのかを理解することです。

そして、すでに感じてしまった心の痛みや傷をどのようにして癒やすかを考える必要があります。

他者の言葉や態度に影響されず、自分の内なる平穏を保つスキルを磨くことが、この力を身につけるカギとなります。

本書の第5章では、そのメンタルクッション力を養うための方法や考え方を、具体的なステップとして紹介します。そこで紹介するメンタルワークスキルが、あなたの盾となってあなたを守ってくれます。

嫌われずに「言い返す」技術
CONTENTS

第2章

めんどくさい相手の策略を暴き、対処する——無力化力

第3章

嫌われない言い返し方「ポーカートーク」――カウンター力①

第4章

心の弱さがバレない「ポーカーボイス」——カウンター力②

第5章 何を言われても動じないメンタルのつくり方——クッション力

装幀◎河南祐介（FANTAGRAPH）
装画◎くにともゆかり
本文&図版デザイン◎二神さやか
本文イラスト◎桜井葉子
DTP◎株式会社キャップス

第1章

言い返せないあなたの中に潜む8つの行動心理

——反論ブレーキ

言い返せない自分のタイプを知れば、解決策が見えてくる

攻撃的な言い方、いわゆるハラスメントを行なう人たちは、特定の特徴を持つ人たちを対象として選ぶ傾向があります。すべての人に対して一律に行動するのではなく、彼らは狙いを定めて行動します。

対象として選ばれやすい特徴には、以下のようなものがあります。

◎反論しない人。
◎非難や攻撃を受けた場合、自分の過ちとして受け入れる人。
◎素直で率直な性格の人。
◎まわりに口外しない人。
◎状況を受け入れる傾向のある人。

これらの特徴を持つ人たちは、ハラスメントのリスクが高まる可能性があります。このことを認識し、自己分析することが、予防策を考える上で不可欠です。すぐに対応することは難しいかもしれませんが、意識的な行動の改善を試みることが第一歩です。

特定の特徴を持たないように見せる「フリ」「演技」から始めることも、１つの方法です。

自身の状況を深く理解することで、より効果的な対応策や予防手段を見つける手助けとなります。

自己認識を深め、具体的な行動変容の方法を学びましょう。

あなたの内面に潜む８つの行動心理的要因とは？

まずは、自分の内面に潜む８つの行動心理的要因を理解することです。

私たちが反論できない理由は、私たちの心に「反論ブレーキ」というメカニズムが存在するからです。このメカニズムが作動するとき、それは8つの行動心理のいずれか、もしくは複合してトリガー（引き金）となっています。

その8つの行動心理傾向とは、次のとおりです。

①言い返す言葉を知らない・出てこない症候群（通称「ボキャヒン（貧）」）
②声が心の中に留まって出てこない症候群（通称「イン（隠）ボイス」）
③ポジショニング気にしすぎ症候群（通称「ポジポジマスター」）
④自分攻め責め症候群（通称「セルフハンマー」）
⑤人と争いたくない、人を傷つけたくない症候群（通称「ノーファイト」）
⑥嫌われたくない症候群（通称「コビー（媚び）」）
⑦気持ちが麻痺ってる症候群（通称「エモーションゼロ」）
⑧そもそもあきらめてます症候群（通称「ギブアッパー」）

では、1つずつ見ていきましょう。

言い返す言葉を知らない・出てこない症候群

――行動心理的要因①「ボキャヒン（貧）」

ハラスメントを行なう相手は「言い返してこないだろう」という相手を選んで攻撃してきます。

パワハラやモラハラに直面したとき、沈黙を選んでしまう相手を常に探しています。言いたいことを言えて、何も言い返してこない相手を攻撃することは、彼らにとって、何より最大の娯楽だからです。

にもかかわらず、私たちは攻撃された際に、ハラスメント言葉の攻撃にどう対応すべきかの教育を受けていません。パワハラやモラハラについての対処の仕方の啓発が不足しているわけです。せいぜい「一人で抱え込まないで誰かに相談しましょう」といった程度です。そもそも、相談してそれで解決するなら苦労はしません。

そんななか、「パワハラに直面したときに、言い返す言葉が見つからない」と多くの人が悩んでいます。

正論で言い返しても、逆に相手にコテンパンにやられてしまいます。

相手を怒らせず、自分もストレスを溜め込まないで伝えるための言葉は、あらかじめ仕込んでおかないと、とっさに出てこないものです。

声が心の中に留まって出てこない症候群

――行動心理的要因②「イン（陰）ボイス」

声を失って初めて「言葉を話す」ことの意味を理解することがあります。

私たち人間は、コミュニケーションの基本として、言葉を用いて意見や感情を表現します。

その言葉を伝える「声」もまた、私たちの心の状態や意図を表現する重要な要素となります。

「イン（隠）ボイス症候群」とは、相手からの攻撃や非難に対して、言葉で反論しようとするものの、声が出せなくなってしまう状態を指します。

他者からの一方的な非難や批判に耐え続けた人は、言い返そうとする瞬間、首を絞められるような喉が詰まったような感覚に襲われることがあります。言葉は頭の中にあるのに、それを伝える「声」が出せなくなってしまうのです。

この現象が繰り返されると、次第に日常の会話さえも困難になり、声が出せない状態が続くことがあります。

近年では、このような状態を引き起こす「過緊張性の発声障害」や「痙攣《けいれん》性の発声障害」という症状が診断されるケースが増え、「なんとかしてほしい」と私のもとに訪ねて来られる人も増えました。

これは多くの場合、突然の大きなストレスやトラウマがきっかけとなっています。

ポジショニング気にしすぎ症候群――行動心理的要因③「ポジポジマスター」

私たちが何かを伝えたいとき、一番の敵は自分の中にいることが多いものです。

例えば、上司や先輩との会話で、自分の立場や経験が劣っていると感じ、自分の意見を伝えられないことはありませんか？

このような気持ちは、パワハラやモラハラがない場面でも生まれることがあります。

私たちすべての人間は平等です。立場や経験に関係なく、自分の意見を持つ権利があります。そのため、自分の考えを伝えることは大切です。

自分攻め責め症候群——行動心理的要因④「セルフハンマー」

国際調査の結果、日本人は他国の人々と比べて、自己肯定感が低いことが明らかになっています。

問題やトラブルが生じた際、多くの日本人は即座に「これは私のせいでは？」「私が原因かも」と自己反省が始まります。

一見、それは誠実さや謙虚さの表れとも取れますが、度が過ぎると、自己非難の無限ループに陥ってしまいます。

子供の頃「言い訳するな」と親や先生から理不尽な非難を受け続けた人は、大人になっても、その傷が残ります。私はこれを「罪悪感リュック」と呼んでいます。

このような自己非難の思考癖は、他者からの厳しい言葉や非難を受けた際、それを「私のせいだから仕方ないもの」と正当化し、「これは当然の報いだ」と自らを責める傾向が強まります。

その結果、他者からのパワハラ、モラハラまがいの不当な攻撃や非難を受けた際にも、自己非難のスパイラルに陥り、自分を守るための言い返すというアクションを取れなくなります。

人と争いたくない、人を傷つけたくない症候群

――行動心理的要因⑤「ノーファイト」

人が大声で議論する様子を見るだけで、彼らが傷つけ合っていると感じることはありませんか？

特に身近な大切な人（親、家族）が言い争う姿を見ながら育った人にとって、人との対立は避けたい、平和に暮らしたいと強く願うようになるのは当然のことです。

人に優しく接する人は、他者を傷つけることを避けたいと強く感じています。ですので、他者の不公平な態度や言葉に対しても我慢し、自分だけが我慢することで事態が収まると信じています。

対立を引き延ばすより、自分が一歩後退することを選ぶことが多いようです。

過去に体験した苦痛を理解しているので、他者に痛みを与えたり、対立することで傷つけてはいけないと強く思っています。

しかし、ハラスメントをする側から見れば、その優しさは弱さとして攻撃対象に認定されます。

言い返してこないあなたを利用して、「あなたのためだから」「経験値が上がるから」という名目で、到底一人ではこなせそうにない仕事を押し付けられたりする「やりがい搾取《さくしゅ》」に遭遇しやすいのも、このようなタイプの人たちです。

嫌われたくない症候群——行動心理的要因⑥「コピー（媚び）」

人間関係を築く過程で、我々誰もが「嫌われたくない」という願望を持っています。

特に、他人の評価を気にし、常に他人の視線を意識する人は、しばしば自分の意見や感情を抑えがちです。思いやりのある言葉を使い、笑顔を絶やさない姿勢は、初めは周囲から好意的に受け入れられることが多いでしょう。

しかし、度を超えた自己抑制は、時にストレスを溜め込むことになります。

その背後には、「嫌われたくない症候群」と呼ばれる、自分自身が嫌われることを極端に恐れる傾向が潜んでいます。

例えば、上司や先輩としての立場にいる際、部下や後輩に適切な指示やアドバイスを提供する必要がある場面でも、この症状が影響し、言葉を過度に慎重に選ぶことがあります。

結果、情報が相手に適切に伝わらず「何を伝えたいのか理解できない」「自分の考えがない」「どんな相手にでも媚びている」と評されることがあります。

自分がハラスメント攻撃を受けたときでさえ、相手やまわりからの注目や、その後の関係性の悪化を恐れて黙ってしまい、何も言えなくなることもあります。

気持ちが麻痺ってる症候群――行動心理的要因⑦「エモーションゼロ」

子供の頃、学校でみんなの前で発表する際。緊張して言葉がつっかえてしまいクラスメイトから笑われ、からかわれた……。

このような過去の経験は、「自分を表現する＝否定される」という思考パターンが形成されている可能性があります。

大人になっても、何かしら発表する場合に、（心の中で）「また笑われてしまう……。どうすればいいんだ……」と思った瞬間、心は、その過去のトラウマを無意識に思い出し、感情や思考が麻痺してフリーズする「マーフィー」状態に陥り、再び傷つくような経験を避けるために、心は感情や思考をシャットダウンさせるのです。

「マーフィー」の状態になると、自分自身の感情を認識するのが困難になります。自分と世界との間に、ガラス一枚隔てているような感覚、ショックな出来事が起きても何も感情が動かない。そんな感覚に陥ります。他者に対する関心を失い、深い人間関係の構築が難しくなってしまうのです。

私自身がこの感覚を幼少期からずっと持っていて、心理学を学んで初めて自身の過去が影響していたと気づけました。

この状況では、まず現実感を取り戻すことが大切です。

閉ざされた感情と対峙することで、感情が自然に解放されます。その感情を言葉にすることで、他者と深くつながる道が開かれます。

そもそもあきらめてます症候群——行動心理的要因⑧「ギブアッパー」

些細な出来事で自信を喪失し、最初から何もうまくいかないと考えてしまう。どうせ嫌われるだろう、どうせ失敗するだろう、どうせ反対されるだろうといった自己否定的な考え方——。これらを繰り返すことで、自己否定の泥沼に陥る現象を「アキラメン」、通称、「そもそもあきらめてます症候群」と呼びます。

このような思考パターンはパワハラやモラハラに遭遇しても、それを容認しやすくなり、不当な扱いを正当化しやすくなります。

過去の数々の失敗や裏切りが影を落としており、それによって引き起こされた深い悲しみや無力感が心に影響を与えています。その影響で、前向きな期待や夢を持つことが難しくなり、あきらめることで痛みから逃れようとする「ギブアッパー」の心理が生まれます。

この経験から、未来への希望を持てなくなり、心の痛みからの逃避としてあきらめるという選択をします。ハラスメントを受けている異常事態すら、仕方ないと受け止めてしまうのです。

あきらめには、「積極的あきらめ」と「消極的あきらめ」の2つのタイプが存在します。

積極的あきらめは、現実と周囲の制約を理解し、その中で最も効果的な選択や行動をする姿勢です。現実を受け入れ、それに基づいて最善の行動を選び出す能力を持っています。このタイプのあきらめは、困難な状況に適切に対処し、エネルギーを有効に活用する手助けをします。

消極的あきらめは、困難や外部からのプレッシャーに立ち向かう能力が乏しいと感じ、行動を停止してしまう考え方です。自己への信頼が低かったり、自己評価が低かったりするため、このような感情が生じることが多くなります。消極的あきらめを持つ人は、課題の前で逃げたり、無力感を抱えたりすることが多く、成長の機会を逃すリスクが高まります。

自分を理解して初めて、「言い返す力」を育む手がかりが見つかる

いかがでしょうか？

自分のことが書かれていたようで、もしかしたら嫌な気持ちになったり、へこんでしまったらごめんなさい。

ただ、この章の冒頭に書いたように「ハラスメント捕食者のお眼鏡にかなう人」にならない工夫と努力とは何かを知ることから始めないと意味がありません。

あなたはどのタイプに属するでしょうか？

今一度、自分に向き合ってみてください。

自分のタイプを知ることで、未来に向けて言い返せる力を育む手がかりが見つかります。

ただ悩んでいるだけではなく、原因を突き止めることで、対策が立てやすくなりま

す。

自分がめんどくさい相手に言い返せない本当の理由を見つけ出し、その問題を乗り越えるための具体的なステップを紹介するのが本書です。

人はそれぞれ違います。

重要なのは「タイプ」そのものではなく、それを通して「自分自身を理解する」ことです。

「ああ！　だから自分は言い返せないんだ」

「人と争う場面になると、声が出なくなるのはそれが原因だったんだ」

とまずは理解することです。

自分の内なる声や感情、そしてその背後にある考えや信念を理解することで、言い返す力を養う勇気を得ることができます。

自分を理解することは、自信を持って表現するための重要なカギにもなります。それは、ストレスなく、自分の意見や考えを他者に伝えるための第一歩と言えます。

第2章

めんどくさい相手の策略を暴き、対処する

――無力化力

めんどくさい相手の策略を理解すれば、もはや恐れることはない

この章では、言葉による操縦や攻撃から自分を守るための効果的な戦略を解説します。

相手の策略や心理的テクニックを知らないままでは、あなた自身が簡単にその支配下に置かれる可能性があります。

これらのテクニックは、悪意ある人々によって意図的に、あるいは、彼らが積み重ねてきた経験を基に無意識的に使用され、他者を支配する手段として利用されます。

そのようなテクニックに巧妙に巻き込まれてしまうと、自らの意志とは無関係に相手のペースや意向に従って行動してしまうことが考えられます。

しかし、この章で取り上げる知識を理解し、実践すれば、自分を操ろうとする相手の策略から自分自身をしっかりと守り、堂々と自分の立場を保つことができるようになります。

心理学のテクニックに深く精通することは、自己の意思決定能力を強化し、他者による支配からあなたの心を守るための有効な手段となります。

事実、これらのテクニックは、詐欺師や特定のグループによるマインドコントロールに利用されることがあり、知識として装備しておくことで、異常な言動を即座に識別し、適切な手段で対処することができます。

その他、ビジネス、人間関係、恋愛をはじめとするさまざまな場面で、心理テクニックの悪用の可能性が考えられます。これを適切に理解し、知識として身につけて活用することは、自身を守る上で極めて重要です。

一方、これらの心理学的テクニックは、善良な目的での利用も十分可能です。相手を尊重しつつ、効果的にコミュニケーションを取る手法としても有効です。私は、あなたがこれらのテクニックを善意で、そして効果的に使用していただけることを期待しています。

学び取ったテクニックを実生活やビジネスの中で積極的に取り入れてみてください。

ストローマン論法

いわゆる「いちゃもん」「言いがかり」――心理スキル概要

ストローマン論法とは、ひと言で言うと、「いちゃもん」「言いがかり」です。

議論中に相手の意見を恣意的に不正確に表現し、それに基づいて反論する手法を指します。

具体的には、「子供を道路で遊ばせるのは、リスクがあるから避けるべき」という提案に、「子供をずっと家に閉じ込めるのは幼児虐待だ」と誇張して表現するようなケースが該当します。

その他にもいくつかケースがありますので紹介します。

議題・論点の歪曲。主題そのものを変えて、議論を堂々巡りにする――悪用事例①

ストローマン論法は、サッカーの試合中に突然ルールを野球やゴルフのルールに変えるようなものです。

上　司　競合他社が取り入れている新技術について学び、当社も導入を検討すべきだ！

あなた　しかし、競合他社が導入している技術を導入するにはコストが今の２倍かかります。また、それによって現在確保されている売り上げや利益が半減する恐れがあります。（正当な主張）

上　司　なんだ、その言い草は！　新しい技術を学ぶ意欲はないのか！　技術的に遅れをとって市場での競争に敗れていいと言うのか！

ここでは部下がコストの懸念を述べたにすぎないのに、上司はそれを技術的遅れや市場での競争力喪失という大きな問題に結びつけて反論しています。

こういった「言いがかり」と言ってもいい主張をしてくる相手とかかわると、議論は空転し、ただ時間だけが浪費され、こちらのストレスも増えます。

「たしかに」&「そもそも」で話し始める

——対応テクニック① 「承認&原点回帰」

この事例の場合、「たしかに（承認）&そもそも（原点回帰）」というワードで対応して話し始めることをおすすめします。これは、ストローマン論法全般に対処できる伝え方でもあります。

「たしかに」という言葉を使うことで、相手の意見を受け入れ、尊重している素振りを見せ、その後「そもそも」と続けて、議論の本質や目的に焦点を当てて、論を展開します。

あなた　たしかに！　技術的遅れや市場競争力に敗れることについては絶対に避けなければなりません。そもそも今私がお伝えしたのは、新技術の導入に関するコストの懸念、今現在売り上げ利益ともに半減する可能性がある点です。これについてどのようにお考えか教えていただけますか？

上司の歪んだ解釈を「たしかに＆そもそも」という言葉で正しい議論に戻しました。

「しかし」「でも」「だって」などの否定的な言葉は絶対禁止

ここで大切なポイントがあります。

相手の主張に対して「たしかに」は笑顔で歯切れよく張りのある声で「おっしゃるとおりです！」という気持ちで表現してください。

「現状を正確に伝えなければ」と真顔や困り顔で伝えないことです。

「しかし」「でも」「だって」などの否定的な言葉に相手は敏感に反応します。

いちゃもん癖のある人の特徴として、彼らは、これらの言葉を言った際に、上司、先輩たちから「口答えするな！」「言われたとおりにやれ！　言うことを聞け！」と責められて生きてきた経験があります。「しかし」「でも」「だって」の言葉を聞いた瞬間、恨みや怒りを含んだ攻撃ホルモンが脳内に分泌され、それをあなたに放出せずにはいられなくなるのです。

そうなると、もう止められません。めんどくささは倍増します。

表現・言葉の歪曲。言葉やフレーズを恣意的に変更して、主張を変える——悪用事例②と対処法

ストローマン論法に見られるものとして、表現・言葉の歪曲《わいきょく》があります。ひと言で言うと、リンゴを「オレンジ」と呼ぶようなものです。

上司　残業時間を短縮するように指示したが、目立った成果が上がっていない。これを見て、君は問題だとは思わないのか？

あなた　はい、たしかに残業時間の制限の指示を出して2カ月経ちますが、成果が出ているのは一部の部署だけですね。

上　司　すべての部署で成果が現れていないってどういうことだ！　責任をとれ！

あなたが「効果が上がっているのは一部」と表現した結果を、相手は「すべての部署で大きな成果が上がっていない」と表現を婉曲《えんきょく》して主張しています。

「しかし、1年を目処に残業時間を削減するプロジェクトです。まだ2カ月しか経っていません。その主張は間違っています」

と言えたらスッキリするでしょうが、「間違っているとは何だ！　全否定する気か！」とさらに言いがかりは続くでしょう。

そもそもこの本の趣旨は、相手との対立や勝利を追求することではありません。ここでも先ほどと同様に「たしかに&そもそも」を使って言い返してみましょう。

あなた　たしかに！　十分な成果が現れていません。そもそも本年度の目標として1年かけて残業時間を2割削減する目標を立てて実行しています。一部成果も見えてきていますので、さらにこの成果を拡大していくべくお知恵をお借りしてよろしいでしょうか。

こう回答することで、知恵のない相手のそれ以上の追及はなくなるでしょう。

発言の切り取り。文脈から一部を切り離し、意味を変えて反論する——悪用事例③と対処法

次は発言の一部を切り取られてしまうケースです。

ひと言で言うと、映画の2時間のストーリーを10秒だけ抜き出して、全体のストーリーを知っていると言うようなものです。

あなた　新しいプロジェクト提案は、予算面での課題があるものの、大きな市場の機会が見込めると思います。

上司　予算に課題があると言うのか。それならば、このプロジェクトは即中止

だ！

ここでは、あなたが述べた「市場の機会」というポジティブな側面を無視し、上司は「予算の課題」の部分だけを誇張して取り上げ、あなたの主張を潰しにかかっています。

ここでも「たしかに&そもそも」を使ってみましょう。

あなた　たしかに！　予算の課題が解決できなければプロジェクトは中止しないといけません。そもそも予算に課題があることは想定内で、解決策もすでに実行中です。ご安心ください。市場拡大のチャンスが大いに期待されており、確実に成功をおさめるためにアドバイスがあれば、ご教示いただけませんでしょうか。

あなたの発言の一部を切り取った形で非難してきた上司に対して、ここでは最後に「ご教示ください」という表現で締めています。

安心感＋「ご教示ください」で締める

——対応テクニック② 「相手の自尊心をくすぐる」

　ストローマン論法を用いる人には、相手を打ち負かすことを目的として不条理な議論を仕掛けてくる「いちゃもんタイプ」、過度に安全を求め、リスクを極端に避けたいと感じ、自らの失敗に対する責任を恐れる「びびりタイプ」がいます。

「ご教示」という言葉は、「教えていただくこと」や「指導していただくこと」という意味で使われます。特に、上司や先輩、専門家などの立場の上の人に対して、何かを教えてもらう際やアドバイスを求める際に使われる敬意のこもった表現です。

「いちゃもんタイプ」「びびりタイプ」には、安心感を与える具体的な言葉と、相手の自尊心を尊重する言葉遣いで接することが効果的です。孫子は「百戦百勝は最上の勝利ではない。戦わずして敵を服従させることが、真の優れた勝利だ」と語ります。言い換えれば、戦闘を回避しながら勝利を収めるほうが最も賢明な方法である、ということです。戦うことなく、自然と成功を収める姿勢を目指したいものです。

ダブルバインド

精神無限拷問——心理スキル概要

　ダブルバインドは、ひと言で言えば「精神無限拷問」です。私は「メンタルトーチャー」と呼んでいます。相手の心を翻弄することで、拷問のごとく心と身体を痛めつける行為です。

「君はどう思う？　自由な意見がほしい」と意見を聞かれ、意見を言ったら「違う」「ダメだ」と永遠にダメ出しが繰り返される状況を想像してみてください。

　心理学者グレゴリー・ベイトソンによって初めて提唱されました。

　相手に対して２つ以上の命令やメッセージを同時に送り、どちらを選んでも批判、非難する手法です。言われた側は、矛盾した要求に対処することで混乱し、ストレスを感じることになります。

パワハラ、モラハラ的に使用される場合、指示どおりに行動しても叱責を受け、いったい何が正しいのかわからなくなることにつながります。そして、自分の判断や行動に確信が持てず、疑念を抱くようになり、常に相手の顔色をうかがう自分になってしまいます。

ダブルバインドのメッセージを受ける側は、強制的に緊張、ストレス、混乱にさらされる、ひどい場合は、精神的な疾患に陥る危険性があります。

2つ以上のメッセージを同時に送り、どちらを選んでもダメ——悪用事例①

日常生活の中でのダブルバインドの事例を挙げてみます。

◎「怒らないから何でも言って」と言われ、本当のことを言うと、「バカか、お前は！」と怒られる。
◎「自己判断でいいから」と言われ、自分の判断で行動すると「相談がなかった！」と怒られる。
◎「自分のペースでやっていい」と言われ、自分のペースでやっていると「遅い！」と急かされる。
◎上司から「君がリーダーだから決めて」と言われて決め、決めたことが上司の意向と異なると、「なぜ私の意見を聞かなかったのか」と責められる。

教団の心理操作——悪用事例②

悪質なカルト的宗教団体による精神的影響の初期段階は、個人の現状を完全に否定することから始まります。メッセージは「あなたはこの世界で失敗するだろう」とか、「あなたの現状では家族すら救えない」といった具合です。

これにより、個人は自己改善のための修行や行為に駆り立てられます。しかし、その努力が「十分ではない」と一蹴され、結果として、ますます従属的な立場に追い込まれるのです。

DVと心理的依存——悪用事例③

DV（ドメスティックバイオレンス）の犠牲者が加害者から離れられないのは、矛盾した状況による精神的な罠に陥っているからです。暴力行為の後に「ごめん、本当は傷つけたくないんだ。お前のことを思ってのことだから……」と慰められることで、被害者は「彼（彼女）は本当は優しい人だ。悪いのは私。彼（彼女）なしでは生きていけない」と感じ、加害者に依存する状態になります。

ダブルバインダーの背後にあるもの

これらの不条理で一貫性のない指示に、まずは混乱や怒り、絶望が込み上げてくるものです。

しかし、これが繰り返されるうちに、言われた側は、自己防衛のために感情をなくしてしまい、何も感じずにいたいと思うようになり、ただのストレスや疲労を超え、心身を蝕《むしば》んでいきます。

私はこのダブルバインドを仕掛けてくる相手のことを「ダブルバインダー」と呼んでいます。

ダブルバインダーの背後には、実際のところ、一貫した指示や相手の成長を願う意図はありません。

彼らの目的は、相手を混乱させ、その混乱を楽しむことにあるか（性悪ダブルバインダー）、あるいは、彼ら自身が何を言っているのか理解できておらず、単に指示能力が欠けているか（無能ダブルバインダー）のどちらかです。

ダブルバインドから身を守る方法――対処法

まずはマインドづくりです。

もし自分がダブルバインドの複雑なジレンマに追い込まれていると感じたら、「おや、またこれか」と心の中で思うことです。この自己対話が、感情の高ぶりを鎮め、頭を冷やして対応する手助けになります。

結局、どれだけ頑張っても、相手からは肯定的なフィードバックを得られないので、「わかった、わかった」と自分自身に言い聞かせ、受け入れることが肝心です。

相手は、あなたが要求にどれだけ誠実に応じようとしても、のらりくらりと「ああしろ、こうしろ」と不当な要求を突きつけてきます。あなたが動揺し、焦燥する様子を見て、喜びを感じるのです。

相手の要求に応えることは、結局のところ、あなた自身にとっての時間やエネルギーの損失になります。

私がこの問題に対して強く警鐘を鳴らしているのは、一度ダブルバインドの罠に陥ると、そこから脱出するのが非常に困難だからです。

この状況は、ある種、心が洗脳されたような状態になるため、極めて注意が必要です。

その上で、現実的な対応をお伝えします。

相手 プロジェクトの計画をまとめて。いつでもいいから。何かあれば遠慮なく聞いてね。

――数日後――

あなた　プロジェクトの予算配分について少し相談させてください。

相　手　そんなことも自分で決められないのか？　何より、まだやってなかったのか！

◎正論で返すパターン（ダブルバインドでお返し）

指示されたことを穏やかに思い出させる手法です。

あなた　え!?（大きな声で驚く）、いつでも質問していいって言われたので聞いちゃいました（ニコッ）。期限はいつでもいいっておっしゃっていたし（ニコッ）、最善の判断をするためにもご相談させてください（ニコッ）。予算についてですが……。

※大きな声で相手に自分のおへそを向けて言う。

「え⁉」という驚愕の声と表情にニコッと笑ってリアクションを示すことは、相手に「本当にそんなことを言ったのだろうか？」と自問自答させることになります。

自分のおへそ（丹田）を相手に向けるポーズは、自信に満ちた態度を表現しています。

これは、相手にダブルバインド攻撃をこちらから仕掛けていることになります。

相手は、あなたが猫背で肩を落として、声を震わせながら申し訳なさそうに「すみません」と言うことを期待しています。その期待とは真逆の態度を見せることで、「相手はこんなはずでは」と驚き、混乱するでしょう。

これは、性悪ダブルバインダーや無能ダブルバインダーにも効果的なアプローチです。

もう１つ重要なことは、迅速に相談の主題に移行し、実りのある議論を開始することです。無意味な攻撃にはいっさい時間を割かず、「私たちの議論はもっと建設的なものに集中すべきだ」というスタンスを明確に示すのです。

あなた　理解していますが、誤解を招かないためにも、今一度確認させていただきたいのです。

このように、具体的なアドバイスを求めるのも効果的です。

内心、「またダブルバインドのパターンか」と冷静に状況判断し、表面上は落ち着いてニッコリと伝えましょう。

相手の過去のセリフにあった「いつでもいい」「遠慮なく聞いて」と言っていたことについては、意図的にスルーします。あくまで「予算についての相談」に関しての目的遂行に照準を当てます。

「あなたの心理的な罠は、私には通用しない」という強い裏メッセージを含んだ対応となり、次回から、相手が攻撃的な態度を控えるよう影響を与えることができます。

◎正論を避けるパターン

いきなり正論で返す対応が難しいと感じる方は、いったん、次の対応を挟んでから、先ほどお伝えした正論で返すパターンで対応をしてみてください。

①即座に柔軟な対応を見せる

あなた　申し訳ありません。もう一度、自分で解決策を考えてみます」

②上司の立場を尊重してあげて、流れるように対応する

あなた　ご指摘、承知しました。改めて状況を見直し、必要な判断をいたします。

または、

あなた　少し時間をいただければ、適切な解決策を考えることができます。

相手の性格や状況に応じて、これらの返答を使い分けましょう。

自分自身の感情をコントロールするためには、言葉が重要です。ここで挙げた言葉を口に出して口慣らししておくことがポイントです。各々10回程度口に出してみるだけで、ダブルバインドの状況が訪れたときに咄嗟《とっさ》に言葉が出てくることに気づくはずです。

ハラスメントを事前回避する秘策――ダブルバインド殺し

ダブルバインドが起こるのが必然ならば、先に予防策を立てておくことをおすすめします。私はこれを「ダブルバインド殺し」と呼んでいます。物騒な言い方と思われるかもしれません。

しかし、あなたにダブルバインドは危険な行為だとちゃんと認識していただきたいために、あえてこの言葉を使わせていただきます。

相手が行なう悪質なダブルバインドは、あなたの心と身体を蝕み、人生をダメにしてしまう、いわば魂の殺人行為です。

相手の意図的なダブルバインドを防ぐには、コミュニケーションの濃度を高めるしかありません。

濃度を高めるとは「明確性」と「具体性」を高めて、こちらから提案するということです。

事例を見てみます。

◎明確なコミュニケーションをいつも心がける

相　手　プロジェクトの計画をまとめて。いつでもいいから。何かあれば遠慮なく聞いてね。

あなた　期限を決めさせてください。4月1日までに仕上げますが、いかがでしょうか？　初めての案件なので、たくさん質問するかと思いますが、よろしいですか？

◎具体的な情報を要求する

相　手　この仕事最優先で仕上げて！　急いで！

あなた　先日別の案件も最優先とのことでしたが、どちらを優先させましょうか？

このように相手に問いかけ、明確な回答を促します。

いずれの場合も、あとから「言ってない」「そんなつもりでなかった」と相手からの虚偽発言を防ぐために行ないます。

さらに、

◎相手の目の前で言ったことを復唱する。

◎相手の目の前でメモをとる。

◎メールでリマインドを送る。

◎第三者に証人として立ち会ってもらう。

なども行なっておくと安心です。

それでも相手からの執拗なダブルバインドが続いたら……

◎頻繁な繰り返し……通常のコミュニケーションが困難になり、業務に支障をきたす。

◎業務の遅延やミスの増加……矛盾した指示により、正確な業務遂行ができない。

◎心身の健康問題……長期にわたるストレスが、精神的、肉体的健康に影響を及ぼす。

◎職場の環境の悪化……チームの協調性が損なわれ、生産性が低下する。

これらの事象が続き、他の人に相談しても改善の余地がない環境なら、その環境から離れることも考えましょう。

職場の文化、相手の性格、組織の方針などによって異なり、個人だけでなく組織全体にもネガティブな影響を及ぼす可能性があります。

繰り返しますが、性悪ダブルバインダーは、相手を混乱させ、その混乱を楽しんでいる可能性があります。無能ダブルバインダーは、自分で何を指示したかも、いかに相手を振り回しているかにも気づいていません。

そうした相手のせいで、こちらの心が傷つけられるのは避けたいものです。

その上で冷静に対応し、その中で適切に相手の話を聞くことが大切です。この意識を持つことで、自分の心を守ることができます。

人格同一性効果

人格抹殺——心理スキル概要

人格同一性効果の負の側面をひと言で言うと「人格抹殺」です。

「仕事のミスが続くのは、あなたの人間性に欠陥があるのではないか」と言われると、ショックが大きく、何も言えなくなりますよね。

そもそもの心理学的な原理は、「行動よりも人格をターゲットにした言及が、相手に与える印象や影響が強い」というものです。

ビジネスの現場では、この効果をいい形で使うことで、効果的なコミュニケーションや行動変容を促すことができますが、逆にネガティブな形で利用すると、ハラスメントやパワハラの原因となります。

「行動」の非難ではなく、「人格」の非難をする――悪用事例

上司の山田さんと部下の鈴木さんの会話です。鈴木さんは会議資料のコピー部数をうっかり間違えてしまいました。

山田さん（反応１）「ああ、コピー部数間違えたんだね。残念だけど、次から気をつけようね」

山田さん（反応２）「君はいつも不注意だね。注意力欠陥障害でもあるんじゃない？　紙が無駄になったね。どうしてくれるの！」

この２つの反応の中で、反応１は鈴木さんの行動（部数の誤り）を指摘しているのに対し、反応２は鈴木さんの人格（不注意）を非難しています。

鈴木さんは、反応２によって、行動のミスよりも深く傷つく可能性が高くなります。

人の行動を非難するよりも人格を非難するほうが、相手に与える影響は強くなります。

もしあなたが同様の場面に遭遇した場合、ショックで何も言い返せなくなるのはこの原理が働いています。

パワハラ的な人格同一性効果から身を守る方法――対処法

対処法として、2つ挙げられます。

1つ目は、「ジェスチャー・ファースト」です。黙り込まず、何かしらアクションを起こす方法です。

もう1つは、「リフレーム」です。ネガティブな言葉をポジティブな表現に置き換えて、助けを求める方法です。

それぞれ詳しく見ていきます。

①ジェスチャー・ファースト

人は、失敗することや間違いを犯すことがあります。失敗や間違いをしないように注意することは大切ですが、それよりも、失敗や間違いのあとの対応がとても大切です。それによって、事態が良くも悪くも変わることがあります。基本的には、「まずは謝ること」が大切です。

古代ギリシャの哲学者アリストテレスは『弁論術』で、

「口答えをしたり、罪を否定する人には、私たちはより厳しい懲罰をするけれど、罰されるのは当然だと思っている人には、怒りをおさめます」

と述べています。

「まず、自分の非を認める」ことで、相手の怒りを増大させることを避けることができます。

ただ、人格否定をするほどの非難は許されるものではありません。

人格否定とも取れる非難に対し、どう反応すべきか困惑し、無反応になると、相手はますますイラッとすることがあります。

では、そもそもなぜ相手はあなたに怒りの感情をぶつけてくるのか？

それは、怒りの背景に、彼らの幼少期のトラウマ経験、特に「悲しみ」や「寂しさ」が関係していると考えられます。親や大切な人に無視されたり、放置された経験です。「なんで私をかまってくれないの？　もっと相手して！　愛して！」という気持ちを踏みにじられたことに対しての「怒り」や「悲しみ」とも言えます。

彼らが求めているのは、かつて受け取れなかった愛情や理解です。

ミスをした際の対応として、相手の指摘に大げさにリアクションを示すことで、彼らが本当に求めていた謝罪の感情を満たし、過去の痛みを和らげる効果が期待できます。

相　手　またミス？　人間性を疑うわ！

あなた　（頭を抱えながら）本当に申し訳ないです！

このような反応をすると、相手の怒りは落ち着きます。

あなたがリアクションをしてあげたことで、彼らの潜在意識下でくすぶっていた親や大切な人に向けての怒りや悲しみにまみれた過去のトラウマが溶解していき、満足感で満たされるからです。
人格否定の原因の裏側を知った上で大袈裟なジェスチャーで反応してあげることで、相手の攻撃の勢いをいったん止めることができます。

②リフレーム

２つ目は、まずは相手の攻撃を承認した上で、ポジティブな表現に置き換えてやんわりと持論を展開する方法です。後述の第3章、第4章でも詳しく紹介しています。

例えば、あなたは、取引先との打ち合わせが長引き、会議に遅刻すると事前に連絡を入れていました。遅刻の常習犯ではありません。そこでの会話です。

相　手　君はいつも会議に遅刻するね。常に時間を守ることができない、いい加減な人なんだね。

あなた　時間を守ることは重要です。今回の遅刻は、私が望んでのことではありません。それには理由があります。私は常に誠実な人間でいたいと思っています。取引先との打ち合わせが長引き、事前に会議に遅れる連絡もしています。そのような場合、さらにどのような対処をすればいいか、教えていただけますか？

いかがでしょうか？

相手の「いい加減」という人格の否定に対して、自分の価値観や意志を強調し、誠実さをアピールして、相手の人格否定に対し、自分の価値観を述べています。

もう1つ、別の会話事例を挙げてみます。

相　手　君のようなビビりな臆病者は、新しい仕事にチャレンジする勇気が出ないんじゃない？

あなた　ありがとうございます。慎重さは新しいチャレンジを避けるためではなく、より確実な結果を求めるための戦略です。この性格も、1つの強みと捉えていますよ。

「ビビり」「臆病者」という否定的なラベル貼りに対して、自身の性格を再解釈し、それを強みとして表現しています。このアプローチで相手の攻撃的な言葉の影響を緩和しています。

さらに別の会話事例で見てみましょう。

相　手　君はいつも黙っていて陰気なキャラだね。意見がないのか、それとも他人の意見を怖がる臆病者か？

あなた　たしかに陽気な性格ではありませんね（笑顔）。沈黙は考えを整理するための時間と捉えています。私は、しっかりとした意見を持ち、適切なタイミングで表現することを大切にしています。

「陰気」という人格の否定と「臆病者」というレッテルを受け入れず、自分のコミュニケーションスタイルの理由と価値を明確に述べています。これにより、自分の立場をしっかりと伝えています。

事実は1つだが、解釈は無限である

これらの会話事例は、相手の人格の否定やレッテル貼りに対して、自分の価値観や考え方を強調し、それを強みや長所として捉え直すアプローチを取っています。これにより、相手の批判をやんわりと回避し、自分の立場を明確にすることができます。

イギリスの名高い劇作家・詩人であるシェイクスピアの「世の中に幸も不幸もなし、すべては考え方によって決まる」という言葉は、私たちが日々直面する困難に立ち向かうための力強い支えとなります。たしかに、事実そのものは1つですが、その解釈は無限に広がります。

他人からの否定的な言葉や行動に直面したとき、それが私たちの世界を暗く染めるか、あるいは成長のきっかけとなるかは、私たちの思考次第なのです。

私たちが経験するすべてのことは、良くも悪くも、自分の心の中にある鏡を通して映し出されます。その鏡をどのように保つか、そして磨き続けるかが、人生の質や私たちが乗り越えることができる障害の大きさを決めるカギとなります。

ニラ（睨）ハラ

睨みつけて恐怖や不安を与える――心理スキル概要

「ニラハラ（睨《にら》みハラスメント）」とは、相手を睨みつけて怖い視線で圧倒し、恐怖や不安を感じさせることによって、言葉を失わせる行為です。

このような状況においても、感情に流されずに冷静さを保ち、理論的に物事を考え、対話できる力を身につける方法をここで紹介します。

あなたをガン見し、睨みつける——悪用事例

イメージしてください。攻撃してくる相手が近づいてきて、あなたに何か言おうとしています。

あなたをガン見し、睨みつけています。

そんなとき、あなたは相手の顔のどこを見ていますか？

話し方の本やネット情報でよく紹介されている手法が、相手の眉間や鼻を見て話すといいというもの。そのようにすると、相手から見ると目が合っているように見える、というのが理由です。

しかし、私はその方法は絶対におすすめしません。

その見方が、あなたの恐怖や不安を増長させる一番の原因だからです。

相手の眉間や鼻を見て話しているとき、あなたは「蜃気楼のようなボーッとした像」のようなイメージで相手が見えているはずです。つまり、何も見えていません。

あなたが見ているのは、過去に見た、怖そうな顔や、睨んでいる顔を脳の中で思い

出しながら相手と対峙していることになります。目の前の相手を見ないで、過去の恐怖をなぞっているイメージです。

そうなると、「攻撃される！」という意識が胸いっぱいに広がり、恐怖や不安の感情はどんどん妄想となって無限に膨れ上がっていきます。

そのままこの見方を続けていても、緊張や恐怖はとれません。見ないから恐怖は消えないのです。怖いときほど相手の目を見るようにしてみてください。

ニラハラされたときには、相手のココを見る――対処法

しかし、いきなり「目を見ろ」と言われても、怖くてできませんよね。

そこで聞き手の目を見るのがラクになり、恐怖心が消える、あるいは軽減する見方をお教えします。

それは、「相手の左目の黒目の中の光」を見ることです。この技を私は「左目の法則」と読んでいます。

これには科学的な根拠があるわけではありませんが、過去５０００人以上の生徒さ

んに試してきて、効果を実感したと言われたメソッドです。

左目は、右脳＝潜在意識とつながっています。左目を見れば、相手の潜在意識とダイレクトにつながることができます。慣れると一瞬でラポール（親和性）を築くことができるようになります。

つまり、相手と深い意識レベルでつながり合うことができるので、相手から敵と認識されず、ラポールを築くことができるわけです。

この見方のメリットは、相手があなたに対して抱く印象に変化が起きること。相手から見て、あなたの印象が堂々とした印象に変化します。堂々としている相手に対しては攻撃しにくくなります。

一方、右目は、左脳＝顕在意識とつながっています。左脳は、論理や理性を司っています。右目を見ると、相手の理性が働いてしまいます。そうすると、なんとなく居心地が悪いという感覚が生じてしまうのです。

左目の黒目の中の光を見て話すと、

「相手をしっかりと見て、心が揺らがずに自信を持って話せるとはこういうことか！」

と実感できるはずです。

不安恐怖症を打破するメソッド

私は、子供の頃から不安や恐怖に苛《さいな》まれて生きてきました。通勤時に上司が近づいてくるのを見ると、「いつ挨拶をすべきか」という考えが頭をよぎり、息苦しさや動悸が強まります。業務中の電話も、「自分の言葉が他の人に聞かれていないか」という気がして、声が小さくなってしまうことがあります。仕事の内容に関しては普通のことを話しているのですが、何か間違いを伝えていないか、その点で上司からの指摘を受けないかという不安がつきまとうのです。

それを乗り越えるきっかけとなったのが、精神科医・森田正馬先生が提唱した「森田療法」でした。

その中でも「恐怖突入」という考え方によって、私はかつての不安恐怖症を打破することができました。

例えば、暗闇の中を歩くとき、恐怖心を抱きながら歩いても、その恐怖はそのままです。しかし、その怖さに圧倒されて走り出せば、その恐怖は倍増してしまいます。

大切なのは、その恐怖を感じながらでいいので、行動すること。恐怖が消えるまで待つのではなく、恐怖を感じながらでいいから行動を起こす。すると、その恐怖は驚くほどすみやかに消えていきます。

「左目の法則」と「恐怖突入」

私が「左目の法則」を発見した背景にも、この「恐怖突入」の考えがありました。

人が他者と目を合わせる際に恐怖を感じることは多々ありますが、そこで目を逸らしたり、眉間や鼻を見ることは、恐怖から逃げる行為となり、結果的に恐怖を増幅させてしまいます。

しかし、相手の左目の黒目の中心に注目することで、その恐怖に直面し、それを乗り越える力を得ることができるのです。

実際に目を見るまでは恐怖を感じると思いますが、いったん左目の黒目の中の光を見るという、その一歩を踏み出せば、その恐怖は消えていきます。

この恐怖突入の考え方を理解し、実践することで、私たちは多くの恐怖や不安を克服することができるのです。

これは、苦手な相手と話すときだけでなく、１対３～４人で話すときや大人数の前で話すときに緊張せず話せる方法としても効果的です。

メモリーハック

相手の記憶に侵略し、改ざんする――心理スキル概要

メモリーハックとは、相手の記憶や認識を操作する方法です。いわば「記憶の侵略行為」です。

他人の心の奥底に潜り込み、記憶や認識を歪め、操作する卑劣な手口です。これは紛れもなく、人の意識と記憶に対する欺きと裏切り、心の自由を奪う暴力行為に他なりません。

人の記憶は、思っている以上にあやふやで、特定のキーワードや情報を、自信を持って伝えられると、その情報を正しいと受け入れやすくなります。これを悪用すると、

相手を混乱させたり、自分の都合のいい方向に誘導することが可能となります。このメモリーハックをしてくる人のことを「メモリーハッカー」と呼んでいます。

記憶を疑わせて、自分の立場を固める——悪用事例

メモリーハックを使ったパワハラ事例をいくつか見ていきます。

あなた　先日指示された仕事ですが、これは私の契約の範囲外の仕事と思うのですが……。

相　手　何を言ってるんだ！　事前に契約の内容については確認したはずだ。ぜひやらせてくださいと言ったから任せたのに！

ここでは、相手があなたに対して、契約内容についての記憶を改ざんしようとしています。

あなた　私がこのプロジェクトのリーダーだと思っていたのですが……。

相　手　そんなことはない。初めから私がリーダーだった。忘れたのか？　しっかりしろ！

あなたの記憶や認識を疑わせることで、相手は自分の立場を固めようとしています。

アリゾナ大学の心理学者、ブレイナード・レイナが行なった実験では、学生に60の単語を記憶させ、後にそれと異なる単語を示して「さっき覚えたのはこれだったよね？」と問いかけました。

結果、多くの学生があとから提示された単語を覚えていたと回答しました。この実験は、記憶がどれほど簡単に書き換えられるかを明らかにしています。悪用されると人々は容易に欺かれてしまうという現実を示唆しています。

メモリーハックから身を守る方法――対処法

メモリーハックを仕掛けられたときには、いくつかの対応法があります。言われたあとにどのように回答するのが効果的か、参考にしてみてください。

①確認を求める

あなた　それはたしかに私が言ったことですか？　説明をお願いします。
相　手　たしかに言ったよ！　覚えてないの？
あなた　記憶にありません。ご迷惑をおかけしたくないので、当時の状況の詳細を聞かせてください。

②証拠を求める

あなた　それに関してのメールや書類はありますか？

相　手　それはないけど、口頭でちゃんと言っていたよ！

あなた　何か記録はありますか？　確認させてください。ご迷惑になるといけないので。

③第三者を巻き込む

あなた　その話、Aさんもその場にいらっしゃいましたよね？　一緒に確認しましょう。

相　手　いいけど、俺の言うこと信用できないの？

あなた　いえ、ご迷惑になるといけないので確認させてください。

キラーフレーズ「ご迷惑になるといけないので」

記憶改ざんテクニックは、日常生活やビジネスの場面で意図的に、または無意識のうちに利用されることがあります。

しかし、自分の記憶や認識をしっかりと持ち、疑問に思ったときは確認や証拠を求めることで、これらのテクニックから自身を守ることができます。

その際に「ご迷惑をかけるといけないので」というフレーズは、相手の要求をやんわりと拒むフレーズとして便利に使えます。

大声で凄まれたときの対応法

さらに、相手が大声で凄《すご》んできた場合での、その大声の勢いに負けないコツをお伝えします。と言っても、相手と同じ音量で対抗する必要はありません。

笑顔でさらりと伝えることがポイントです。

伝えたい言葉を心の中で一度ゆっくりと唱えてから相手に伝えます。

相手の声の勢いにつられて反射的に話さないことです。ワンテンポ遅らせていいので、「記憶にありません」「そんなことを言っていません」と2秒かけて伝えるイメージです。これが「ゆっくり話す」のイメージになります。

記憶改ざんに抗弁するときの、真実性を強める伝え方

また記憶にないことや事実でないと思うことは、自信を持って抗弁することが重要です。

その際に、まばたきしないで伝えると、あなたの真実性が高まります。まばたきの回数は、脳内伝達物質であるドーパミンの影響を受けています。多ければ多いほど、相手が緊張していることを示していると言われています。

まばたきを抑制することで、相手にビビっていない、落ち着いているという印象を与えることができます。

目安として、1分間に12回程度にまばたきを抑えると、落ち着いた自信のある印象を相手に与えます。メモリーハッカーに対するときに必要なのは強さで対抗するのではなく、リラックスすることです。相手に自分の意見や感じていることをしっかりと伝えることができます。

社会的証明の悪用

社会的集団圧力で従わせる――心理スキル概要

社会的証明の悪用は、社会的集団圧力による個人のアイデンティティの喪失とも言えます。

この現象を広く知られるようにしたのは、アメリカの心理学者ロバート・チャルディーニです。彼の著書『影響力の武器』では、人々がどのようにして他者の行動や意見に影響されるかについて詳細に述べられています。

「社会的証明」とは、私たちが自分で判断するのが難しいと感じる状況で、自分の意見ではなく、まわりの人がどう思っているかに基づいて行動してしまう傾向のことです。これは、「みんながそうしているから」という理由だけで同じことをする心理です。人は、多くの人が一緒に行動またはは考えることに安心感を見出し、それに従いたくなるのです。

人は自分だけが異なる意見を持つことに不安を感じたり、ストレスを感じること（これを「認知的不協和」と呼びます）を避けたいと思うため、周囲の意見に流されやすくなります。

プロジェクトミーティングで「提案Xが最も効果的だと思う人は意見を示してください」とチームリーダーが言ったとします。あなたは提案Bが最も効果的だと考えていましたが、チームの他のメンバー全員が提案Aを支持した場合、突然不安になり「もしかして、私の分析は間違っているのか？」と自分の判断を再評価し始めます。

集団心理を巧みに操り、孤立させる——悪用事例

社会的証明の原理は、特定の状況下ではこれが悪用されることもあります。特に、職場などの階層的な組織において、上位者がこの心理的原理を利用して部下に圧力を

かけるケースが考えられます。

上司　私だけでなく、部署のほとんどのメンバーも君の提案には賛成していないよ。それでも自分の意見を押し通すつもりなのか？
部下　私はこの提案がプロジェクトに有益だと感じています。
上司　でも、大多数が反対している。その事実をどう考える？
部下　…………。

このようなやりとりの中で、上司は「多くの人々が」という表現を用いることで、部下を孤立させ、自身の意見や立場を強化しようとし、結果的にあなたを言い返せない立場に追いやります。

社会的証明の悪用から身を守る方法――対処法

社会的証明の悪用に対処するためには、冷静な判断力と独自の価値観を持つことが重要です。
攻撃的な言動や圧力に対して、明確で建設的な反応を示すことで、自らの立場を守りつつ、良好な関係を維持することができます。

部下 たしかに部署の多くの人が私の意見とは異なる考えを持っていることは理解しています。一方で、私が提案したアイデアは新しい視点をもたらす可能性があると信じています。全員の意見を尊重しつつ、もう一度具体的に検討してみてはいかがでしょうか？

いったん、相手の意見を承認しつつも、他者の意見や行動を妄信するのではなく、「一方で」という言葉に続けて、自らの信念や価値観を伝えています。
「しかし私が提案したアイデアは新しい視点をもたらす可能性があると信じています」と「しかし」の後に持論を展開したくなりますが、「しかし」や「でも」という否定の言葉の語感は、相手によりいっそうの反感を抱かせる原因となりますので、あえて「一方で」という反感を買いにくい言葉を用いて表現しています。

また、こんな回答例もあります。

あなた　大多数が反対とのこと。一方で私自身も5名の方に聞き取りを行なったところ、おおむね賛成のお言葉と改善点の指摘をいただいています。それらアドバイスも含めて新たなアイデアを明日までに出したいと思いますので、ご検討よろしくお願い申し上げます。

このように、相手がこれまでも社会的証明を用いて論破する傾向がある人間なら、あらかじめ賛同を得られる人をリサーチしておいてコメントをもらっておくことも有効です。

相手に「こいつは、一筋縄ではいかないな」と印象づけることで、今後これらの理不尽な攻撃を受けることは減ってくるはずです。

ネガティビティバイアス

不安を煽って相手を操る——心理スキル概要

ネガティビティバイアスは、相手の不安を煽って相手を操作するのにうってつけの方法です。

ネガティビティバイアスは、「人は、ポジティブな情報よりも、ネガティブな情報に注意を向けやすく記憶にも残りやすい性質を持つ」ことを表す心理学用語です。

ネガティブな情報の影響力は予想以上に強く、私たちの意思決定に深く作用します。

例えば、オンラインでパソコンを購入しようと、多数のポジティブなレビューを持つ商品を見つけたとします。しかし、１つでもネガティブなレビューを発見したとき購入をためらってしまうことがありますよね。悪いニュースや否定的な情報に人が強く反応する現象です。

このバイアスは、対人関係で時にハラスメントの文脈で悪用されることがあります。ネガティビティバイアスを利用してハラスメントを行なう者（名付けて「ネガハラプレイヤー」）は、あなたの不安や恐れを煽るために、このバイアスを利用します。

ネガティブな情報を相手に「かます」ことで、相手にとって恐怖を感じる情報を意識的に与え、以降の判断能力を鈍らせる戦略をとってきます。結果、あなたは言い返す気力を奪われてしまいます。

小さな批判で、相手を支配する――悪用事例

例えば、あなたがかかわっているプロジェクトがあり、プロジェクトの進行に遅れはあるものの、それは許容範囲内で、全体として順調に進んでいるとします。また、遅れの原因は、あなただけが要因ではなく、複数の要因で遅れているという状況での会話事例です。

上司　君の仕事のせいで、プロジェクトの進行が遅れている。君がいなければ、もっとスムーズに進んでいたはずだ。

あなた　私のせいで……。

上司　どうするつもりだ。

あなた　改善します。

相手　気が緩んでいると思わないか。他にも気になる点が……。

この例では、上司は部下のあなたにプレッシャーをかけ、恐怖心を植えつけています。

あなたは全体的にはスムーズに物事が進行していると捉えていましたが、相手からの小さな批判が次第に心に重くのしかかり、精神的に不安定になるほど、深く悩むようになりました。

ネガティビティバイアスから身を守る方法①――対処法「白旗作戦」

このような状況に対して、冷静に対処する方法があります。

具体的な改善策やアイデアがあれば、

あなた　リカバリーとして、以下を考えています。ご意見いただけますか？

そう伝えて即実行して改善していきましょう。

ただ、ショックで何をしていいか皆目検討がつかないこともあるでしょう。改善策を聞いても取り乱して実行に移せないときもあるでしょう。

そんなときは、早々に白旗作戦を敢行してください。

あなた　大変申し訳ありません！　今ショックで何も考えられません。助けてください！

そのような人々に対しては、「私はそもそも能力がありません」「助けてください」という「私は無能スタンス」を「戦略的に」とりましょう。

この「戦略的に」というのは〝ふりをする〟という意味です。

本気で自分が無能で努力しない人間だと、落ち込んで悩む必要はありません。あなたが心を砕くべき相手は、あなたを心から尊重し、大切にしてくれる人だけで十分です。理不尽に批判を浴びせる人々に囚われ、自分を追い込み期待に応えようとする必要はありません。

真に努力が報われ、認められるのは、あなたの努力を公正に評価してくれる人だけです。

意図的にハラスメントを行なう相手のために、自己改善に追われ必死になるのは、時間の浪費です。

なぜなら、そんな相手はあなたがいくら努力しても「それでは不十分だ」「そういう意味ではない」「何の進歩もないね」と再びダメ出し攻撃を続けてくるからです。いちいち付き合っていられません。

ネガティビティバイアスから身を守る方法②

――「ネガハラプレイヤー」別対処法

ネガティビティバイアスを振りかざして攻撃してくる「ネガハラプレイヤー」にはさまざまなタイプがいます。タイプによって反応を変えてみてください。

（例）**相手**　またミスしたの？　こんなの誰でもできるよ。もっと早くできないの。

①「ミスハンター」タイプ

他人のちょっとしたミスを見ると、とにかく非難せずにはいられないタイプです。自分の完璧主義傾向の価値観や要求を押し付けてくる、粗探しが大好きな人です。

このタイプには次のような回答が効果的です。

あなた　ご指摘ありがとうございます！　うまくいかず悩んでいます。（笑顔で明るい声で）もし、こんな場合だったらどうすればいいですか？

このように、謝罪に加えて相手に教えを乞うふりをしましょう。相手に優越感というプレゼントをあげれば、攻撃欲は低下していきます。

②「他責チャンピオン」タイプ

悪いのはなんでも相手のせいにする他責自己正当化タイプです。プライドが高く、一度そうと思い込んだら止まらない、頑固な特徴を持っています。

このタイプには次のような回答が効果的です。

あなた　問題を根本的に解決するために、具体的にどの部分が問題だったのかを聞かせていただけますか？（低い声で無表情で）もしかすると、私が見落としている部分もあるかもしれません。

相手は、自分が責められるのが一番嫌なことです。相手の非難から一歩引いた視点を持ち、対話の焦点を「誰のせいか」から「どう解決するか」へと移行させることです。

このタイプは、問題に真剣に取り組む意志などそもそもなく、複雑な事態を避けたいと思っています。そのため、すぐに立ち去ることになるでしょう。

③「マウントマスター」タイプ

とにかく自分が上に立ちたくて仕方がないマウント至上主義タイプです。相手より優位に立つことで、承認欲求を満たします。

このタイプには次のような回答が効果的です。

あなた　あ！　申し訳ありません。そうだったのですねー。もっと早くできるんですね。さすがです！　ところで……」

このように、早々に話題を転換し、さっさとその場から離れてしまいましょう。相手がマウントを取ったと感じれば、それで心の中で勝ったと満足するでしょう。
ですから、あなたが指摘された内容を解決しようとする必要は特にありません。話題を変えるか、場を離れるかしても、まったく問題ないのです。相手はすでに自分の中で勝利を得たと感じているため、追及してこないでしょう。

④「イライラディスペンサー」タイプ

ストレス解消のために、相手に怒りをぶつけることが大好きなタイプです。攻撃的で、自分より弱い立場の者に当たり散らします。
このタイプには次のような回答が効果的です。

あなた　申し訳ありませんでした。心がとってもツラいです。動悸がおさまりません。死にそうです。

そもそもストレス解消目的に八つ当たりしてくる相手には、この一択です。まともに議論する必要はありません。「あなたのストレス解消ハラスメント攻撃で、私のメンタルや体調は崩れてしまいます」というスタンスを見せて、それを第三者にも聞こえるように言いましょう。

もちろん、仮病でも構いません。私はこれを「フェイクシック」と呼んでいます。イライラを平気で相手にぶつけてくる彼らのおかしなメンタルに付き合わないでください。そんな相手に、まともな言葉をかけても何も変わりません。

何より大切なのは、あなたの心身が壊れかけているということを明確に伝えることです。

無理をして「大丈夫です」とか「心配ないです」と言うことは避けるべきです。もしあとからハラスメントが原因であると訴えたとしても、「大丈夫だと言っていた」と反論され、不当に非難されるリスクがあります。

彼らは、ネガティビティバイアスを悪用することで、相手をコントロールし、自身の意図した行動をさせられることを知っています。冷静さを保ち、恐怖心に流されずに、ここでお伝えしたようなコミュニケーションを続けることが重要です。

ネガティビティバイアスの発動を抑える習慣

私たちの心は、気がつかないうちにネガティブな出来事や情報に強く引き寄せられる性質を持っています。これが「ネガティビティバイアス」の作用です。

このバイアスの影響で、私たちはネガティブ感情や記憶を自身の脳の奥深くに蓄積してしまいます。

私たちの感情記憶は、脳の中の扁桃体と呼ばれる部分に刻まれます。脳の扁桃体は、このようなネガティブな記憶も深く刻み込みます。

古代の人間は、他の動物に比べて物理的に弱く、生存のためには周囲の環境や危険を敏感に察知する必要がありました。その結果、脳は危険やリスクを感知すると、迅速に対応するための警戒システムとしてネガティビティバイアスを発動させるよう進化しました。

あなたに批判的な言動を向けてくる人たちに対して、過度に反応してしまうのも、このバイアスの影響です。

ネガティブな情報が強く受け止められると、それに伴い、ストレスや不快感が増大し、その情報や感情が心の中に深く刻まれます。

過度に発動するネガティビティバイアス癖は、あなたの精神を蝕んでいきます。

それを防ぐには、ネガティビティバイアスの発動を抑えるための対抗策が必要です。

私がおすすめするネガティビティバイアス対抗策は**「声・言葉・動きを使った自信の上書き作業」**です。

日常で感じる「うれしい、楽しい、幸せ」と感じる出来事に対して、簡単にスルーするのではなく、些細な出来事であっても、その都度しっかりとすくい取って、「声、言葉、動き」で表現することを推奨しています。

やり方は簡単です。うれしい、楽しい、幸せを感じたその瞬間に「よしっ！」「やったああ！！」とジェスチャー（ガッツポーズなど）を交えて表現します。

「ネガティビティバイアスを上回る幸せ体験を、私は今感じ取っている！」と扁桃体に記憶として残す作業を意図的に行なうのです。この繰り返し作業を行なうことで、自信を長期的記憶に残す作業を意識的に増やすわけです。

多くの人は「自信を持つ」ことの指標として、自らの「強さ」や「能力」を挙げます。

しかし、外部の評価や他者との比較に基づく自信はとてももろく、状況や環境の変化によって揺らぎやすいものです。

これからは、自信＝「うれしい」「楽しい」「幸せ」の総量と定義してみてください。

このような積極的な行動や意識を持つことが、長期的な自信の形成につながります。毎日の中で、これらの感情を増やすような経験を繰り返し、大切な人たちとの間で共有することは、自分の自信や自己価値を高める手助けになります。

さらにポジティブな出来事や経験を意識的に思い返すことは、それらの記憶をさらに定着させ、自信や自己肯定感を強化する基盤をつくります。

このような前向きな態度や意識が、自信を長期的に築くカギになります。

自信を得るためのステップ

ここで、自信を得るためのステップを挙げてみます。これは、相手からの理不尽な攻撃をかわし、言い返すための土台となりますので、できることから試してみてください。

◎ステップ１「自己認識」

自分の感情や反応を意識し、ネガティビティバイアスの存在を理解する。

◎ステップ２「ポジティブな経験の蓄積」

日常での小さな喜びや成功を意識的に感じたら、それを「声・言葉・動き」（「やったー！」「よしっ！」）で表現する。

◎ステップ３「感情の共有」

体験したポジティブな出来事を家族や友人と共有し、その感情を強化する。

◎**ステップ4「感情の振り返り」**

過去のポジティブな出来事や経験を定期的に思い返すことで、その記憶を強化する。

◎**ステップ5「自分を受け入れる」**

自らの長所や短所を受け入れ、自分自身の価値を認識する。

◎**ステップ6「継続的な学び」**

新しい経験や学びを通じて、自分自身を成長させることで、自己肯定感を高める。

これらのステップを意識的に取り入れると、持続的な自信と自己肯定感を育むことができるはずです。

誤前提暗示

間違った前提を相手に植え付け、操る――心理スキル概要

「誤前提暗示」とは、事実でない前提を相手に植え付け、その人の判断や行動を操作する心理テクニックです。

このテクニックは、相手の判断や行動を、自分の望む方向に巧妙に導くものです。

ファストフード店に行った際、店員さんに「トッピングはポテトになさいますか、それともサラダになさいますか」と尋ねられた経験はありませんか？

この質問の形式は、実は誤前提暗示の一種です。

この問いかけによって、トッピングを付けることが当たり前の前提とされ、私たち

は、ポテトかサラダのどちらかを選ばざるを得なくなります。

本来ならば、トッピング自体を希望しない選択肢もあるはずですが、その選択肢は巧妙に排除されているのですね。

これは、人が提示された選択肢の中から選ぶ傾向がある、という心理学的な現象を利用したものです。

誤前提暗示は、例えば、仕事場で同僚に手伝ってもらいたいときにも応用できます。「この資料のコピーか、テキストの入力をやってくれない？」というような、手伝うことが前提の質問をすることで、相手は無意識のうちに、あなたが希望する仕事を手伝うことになるのです。

しかし、この誤前提暗示は、時としてモラハラやパワハラの手法として悪用されることがあります。

ギブミーフィードバック法——悪用事例と対処法

あなたが上司に次のように言われたとします。

上　司　君のパフォーマンスが低いのは、努力が足りないか、やる気がないのか、のどっちだ？

この質問は「努力が足りない」「やる気がない」ことを前提にしています。しかし、必ずしも努力の量ややる気がパフォーマンスに直結するわけではなく、他の要因も考慮する必要があります。

言われたあなたの回答例を示します。

あなた　ご指摘ありがとうございます。よろしければ、どのようなときに努力ややる気が足りないと感じられたのか教えていただけますか？　私の認識では、全力で取り組んでいます。結果も出ています。しかし、気づいていないこともあるかもしれません。具体的なフィードバックをいただければとてもうれしいです。いつもありがとうございます。

この回答例は、誤った前提に基づく暗示や操作に対抗する方法を明確に示しています。

まず、不足している点や自分自身が最大限の努力をしていることを率直に伝えます。そして、見落としている可能性のある点に対してもオープンであり、他者のフィードバックを積極的に求めることで、自己改善と成長の機会を広げています。

このアプローチは、単に状況を受け入れるのではなく、自らの手で未来を切り開く積極的な姿勢を反映しています。

もう1つ、別の事例を挙げてみます。先と同じく、あなたが上司に次のように言われた場合です。

上司 また報告書の提出が遅れた？ あなたは責任感がないの？ それとも、もう辞める気なの？

この発言は、「責任感がない」「辞める」ことを前提にしています。報告書の提出が遅れた原因が、必ずしも「責任感の欠如」や「辞める気がある」によるものであるとは限りません。他にもさまざまな理由が考えられるにもかかわらず、どちらかの選択へと誘導しています。

効果的な回答例は次のとおりです。

あなた　大変申し訳ありません。報告書の遅れは、他の優先度の高いタスクがあったためです。とはいえ、責任感がないと思われても仕方ありません。今後は、期限内に提出できるよう計画を見直します。まことに申し訳ありませんでした。

ここでは誤前提暗示の洗脳誘導を巧みに回避し、何が事実かを明確に伝えることだけにフォーカスしています。不適切な前提（「責任感がない」「辞める」）に基づく攻撃によって、あなたの感情は波立ってざわざわするかもしれませんが、感情的になって「責任を持ってやってます！」「辞める気なんてありません！」と返事をすると、相手の思うつぼです。相手から、さらに攻撃の矢が飛んでくる可能性もあります。

上司　責任感がないからミスが起きるんだろ！　本気でやってないのに、なんで辞めないで続けようなんていう気持ちになれるんだ！

この場合も誤前提暗示はスルーして、事実を確認すること、事実を伝えることのみに焦点を絞って伝えるようにするのが賢明です。

反復法の効用

お気づきかもしれませんが、この事例でのあなたの回答例で、相手からの攻撃に対して「ありがとうございます」「申し訳ありません」のように最初と最後で同じ言葉を用いています。

この技法を「反復法」と言います。

反復法は、一定の言葉やフレーズを反復することによる強調の技法です。

この方法を採用することで、メッセージが聞き手に深く印象づけられ、その重要性を強く感じさせることができます。

これにより、聞き手は「このポイントが特に重要だ」と捉え、伝えたい内容の受け入れが促進されます。感謝の意や謝罪の強さを繰り返し表現することで、相手の怒りや不快感が和らぎ、攻撃性が減少することがあります。

反復法にはいくつかの種類がありますが、ここでは「隔語句反復」を用いています。これは、話の始まりと終わりに同じ単語やフレーズを配置する技法で、読み手の注意を特に引きつけるポイントに位置しています。

話し始めと終了部分は特に注目されやすいため、ここに重要なメッセージを配置することで、その意味が強調され、記憶に残りやすくなります。

言い返す例ではないですが、わかりやすい例で解説します。

（例）好きです！　喧嘩したり、イラっとするときもあるけど……、やっぱり……好きです！

この例では、「好きです」という表現を繰り返すことで、相手への愛を強調しています。

間違った前提を無意識に受け入れてしまうと、人は簡単に他人の否定的なコメントに動揺し、自信をなくしてしまいがちです。

しかし、具体的かつ論理的に事実を指摘することで、不正確な認識を是正することが可能です。反復法を使うことでさらに強化され、相手の攻撃的態度を和らげる効果があります。

これは、モラルハラスメントやパワーハラスメントの傾向を持つ相手に対して特に効果的です。

冷静かつ確固たるコミュニケーションを通じて、自分の立場を明確にし、守ることができます。

さらに、相手が無意識に誤った前提で話を進めている場合でも、このアプローチを利用すれば、不当な要求や圧力に対処し、自らの権利を守ることができます。

一貫性の法則

一度行動させて、その後も続けさせる——心理スキル概要

一貫性の法則とは、人間が一度行動や態度を示すと、その後も同様の行動や態度を取り続ける傾向にある心理学の原理です。これは、自分の過去の行動と矛盾する行動を取ることで、心理的な不快感が生じるためです。

この心理作用を利用して、小さな要求から大きな要求まで受け入れてもらえるようにするテクニックを「フット・イン・ザ・ドア・テクニック」と言います。

この名称は、いったん開けられたドアに足を挟み込めば、相手がドアを閉めることができず、どんどん中に入り込んでいけるというイメージが基になっています。

小さな要求をした後、大きな要求をする――悪用事例

例えば、友人Aが突然「10万円貸してほしい」と言ったとしましょう。ほとんどの人は警戒しますが、最初に「100円貸して！」と言われれば、多くの人は気にも止めずに貸します。

そして、そのあとで追加の要求が来ても、ついつい「いいよ」と言ってしまいます。

これが一貫性の原理の力です。

A 田中さん、この資料、1分だけ見てもらえますか？

B ええ、いいですよ。

A それと、この資料に基づいて報告書も作成してもらえますか？

B え!? はい……、承知しました。

この会話では、Aが「フット・イン・ザ・ドア・テクニック」を利用しています。

最初に小さなお願い（資料のチェック）をし、それが受け入れられた後に、大きな要求（報告書の作成）を出しています。

別の事例を見てみます。

上司　残業をお願いしたいんだけど。めちゃくちゃ簡単な仕事なんで、すぐ終わるからさ。

部下　あ、いいですよ。何ですか？

上司　明日の会議の資料なんだけど、引用しているデータに間違いがないか、最初から最後まですべてチェックしてほしいんだ。

部下　は、はあ……（話が違う……）。

この事例でも、上司は最初に小さな要求（残業のお願い）をしてから、具体的で大きな要求（資料の全チェック）を出しており、「フット・イン・ザ・ドア・テクニック」が見受けられます。

一貫性の法則から身を守る方法——対処法

相手の要求が適切でない場合や、自身の仕事やプライベートが犠牲になる場合は、適切な対応が必要です。

◎自身の立場を明確にする

相手の要求に対して、自身の立場や時間、体力の制約をしっかりと伝えることで、無理な要求を防ぐことができます。

例えば、仕事の依頼が来た際、断る際にも、相手の気持ちを尊重し、感謝の意を表すことで、円満な関係を保つことができます。

あなた　ご依頼いただきありがとうございます。ただ、現在、他の業務で手が一杯でして、そのタスクを受ける余裕がありません。申し訳ございませんが、他に対応可能な方を探していただけますか？

このように伝えることが効果的です。

◎代替案の提案

すべてのタスクを断るわけにはいかない場合、代替案を提案することで、双方にとって最善の結果を生むことができます。

あなた　そのタスクは難しいですが、他にこちらができることがあればお手伝いいたします。

このような提案が考えられます。

◎全体拒絶部分承認と回数制限

すべてを受け入れるのではなく、自分の時間と体力を勘案して一部のみ引き受ける手法が「全体拒絶部分承認」です。

また、恒常的に引き受けるのではなく、「今回のみ受けますが、次からは別の人へお願いしてください」と回数制限を設けるのも有効です。

◎ぼける

あなた 承知しました。100年後のご連絡をお待ちしております。その頃には、対応可能でしょう。

または、

あなた 現在、立て込んでおりまして、キャンセル待ちリストに追加していただければ幸いです。

これは、一風変わったやり方かもしれませんが、相手の攻撃に対して直接対決するのではなく、ユーモアを交えて流すことで、動じない胆力と、どんな状況にも動じない冷静さをアピールしています。

以上のように、言葉の攻撃から自身を守り、ストレスを軽減するためには、「フット・イン・ザ・ドア・テクニック」や一貫性の法則を理解し、適切に対処することが重要です。

自身の立場を明確にし、断る際のコミュニケーションに注意して、必要に応じて代替案の提案や「全体拒絶部分承認」「回数制限」を利用することで、良好な人間関係を築きながら、無理な要求を避けることができます。

エンハンシング効果

ほめ殺して、無茶な要求をする——心理スキル概要

エンハンシング効果とは、賞賛や感謝の言葉などの言語的報酬を与えることで、相手のやる気や協力意欲を喚起させる効果のことを指します。ひと言で言えば、「ほめ殺し」です。

このテクニックを利用する人々は、相手に好意を示した後、何らかの無茶な要求をすることがあります。これによって、言われた側は好意の返報性が働き、言い返せなくなり、断ることが困難になるのです。

ほめて、断りにくくする――悪用事例

◎会話事例１

相　手　○○くん、いつもチームにとって貴重な存在だね。最近のプロジェクトでの成功、何がキーだったと思う？　君の意見を聞かせてくれるかな？

あなた　え、ありがとうございます！　それって……、私の意見でいいですか？

相　手　もちろん、君の意見は私たちにとって大切だよ。私たちも学ぶべき点があるからね。それと、今週末の休日、追加で出勤してもらえないかな？　締め切りが迫っているので……。

あなた　そういうことなら、お話しします……（週末はデートの約束があるんだけどなー。こんなにほめられたのに断りにくいなー）。

◎会話事例２

相　手　△△さん、あなたのアイデアはいつも斬新ですばらしいですね。今回の成功の裏には、何か秘訣があるのではないでしょうか？　少し教えていただけますか？

あなた　うーん、特別なことはしてないですけど……。

相　手　そんなことないですよ！　たくさんの学びがありましたよ。ぜひシェアしてください。あと、来週の会議、あなたが全部まとめてプレゼンできないでしょうか？　時間は短いけど、あなたならできるでしょ？

あなた　は、はい……、承知しました。頑張ります（なんで引き受けちゃったんだろう）。

エンハンシング効果を利用されると、相手に無理な要求をされても断りにくくなります。

私も過去、アルバイト時代に、業務をスムーズに遂行するために上司にいくつかの業務改善の提案をしたことがあります。

郵便はがき

料金受取人払郵便

牛込局承認

9092

差出有効期限
令和7年6月
30日まで

162-8790

東京都新宿区揚場町2-18
白宝ビル7F

フォレスト出版株式会社
愛読者カード係

フリガナ お名前	年齢　　　歳 性別（ 男・女 ）
ご住所 〒 ☎　（　　　）　　FAX　（　　　）	
ご職業	役職
ご勤務先または学校名	
Eメールアドレス メールによる新刊案内をお送り致します。ご希望されない場合は空欄のままで結構です。	

フォレスト出版　愛読者カード

ご購読ありがとうございます。今後の出版物の資料とさせていただきますので、下記の設問にお答えください。ご協力をお願い申し上げます。

● ご購入図書名　「　　　　　　　　　　　　　」

● お買い上げ書店名「　　　　　　　　　　　」書店

● お買い求めの動機は?

1. 著者が好きだから　　2. タイトルが気に入って
3. 装丁がよかったから　　4. 人にすすめられて
5. 新聞・雑誌の広告で(掲載誌誌名　　　　　　　　)
6. その他(　　　　　　　　　　　　　　　　)

● ご購読されている新聞・雑誌・Webサイトは?

(　　　　　　　　　　　　　　　　　　　　　　)

● よく利用するSNSは?(複数回答可)

☐ Facebook　☐ Twitter　☐ LINE　☐ その他(　　　　　　)

● お読みになりたい著者、テーマ等を具体的にお聞かせください。

(　　　　　　　　　　　　　　　　　　　　　　)

● 本書についてのご意見・ご感想をお聞かせください。

● ご意見・ご感想をWebサイト・広告等に掲載させていただいてもよろしいでしょうか?

☐ YES　☐ NO　☐ 匿名であればYES

店長　司くん！　さすがだね！　ほんとすごいよ！

司　いやいや、たいしたことじゃないですよ。

店長　ほんとすばらしいよ！　じゃあ、この業務は司くんの担当ということでよろしくお願いね。うちは提案した人がそれに取り組むことになっているから。期待しているよ。

このように、アルバイト仲間全員の前で言われ、断りきれない状況の中で仕事を引き受けざるを得ない状況になったことがあります。

エンハンシング効果から身を守る方法――対処法

以下に、それぞれの状況で適切に断る方法の会話例を示します。

◎会話事例１の対処法

あなた　おほめいただきありがとうございます。週末の出勤ですが、残念ながら私も予定が入っているので対応が難しいです。しかし、他にどういったサポートができるか、考えてみます。

◎会話事例2の対処法

あなた　アイデアについてほめていただいてとってもうれしいです！　ありがとうございます！

来週の会議のプレゼンは、タイトなスケジュールなので厳しいですね。他に私がサポートできる部分はありますか？　プレゼン資料の一部を作成するなど、対応可能ですよ。

これらの例のように、断る際には感謝の意を示し、代替案を提案することで、協力的であることをアピールできます。

「バ畜」を生む根源

「エンハンシング効果」は、賞賛や感謝の言葉を通じて、人の行動や協力の意欲を高める現象です。一見するとポジティブなコミュニケーションのように見えますが、この方法が「ほめ殺し」として悪用されることもあります。

つまり、相手をほめたり感謝の意を示した後に、過度な要求を行なうことで、相手が断りにくい状況をつくり出すのです。この心理的なメカニズムは、人々の善意や報酬への期待を操ることが可能です。

このエンハンシング効果の負の側面は、「バ畜」という現象にも見られます。

これは、アルバイトに身を投じる若者たちが、会社や店舗のために自分の時間や労力を惜しまず捧げることを指します。「社畜」から派生した言葉です。

昨今、学生の間でこの傾向が広がっており、彼らは学業や私生活を犠牲にしてまで、仕事に追われる日々を送っています。

この「バ畜」状態の背後には、エンハンシング効果が巧みに使われていることが多いようです。

「君しかいない」「君がいないと仕事が回らない」

これらの言葉によって、彼らが使命感に燃え、自分自身を犠牲にするまでの労働を奨励するものです。その結果、彼らは自分が過労の淵に立たされているという現実を見失い、「必要とされる充実感」に酔いしれるわけです。

自尊心が低く、他人に認められることに飢えている人ほど、他者からの頼み事や賞賛に心を奪われがちです。彼らは、自分が価値ある存在であると感じ、時には自己の健康や幸福を脇に置き、その期待に応えようとします。

賞賛は人の心を揺さぶる「麻薬」のようなものです。

その効果は人を高揚させることができますが、誤用すると、人を操作し、搾取する道具ともなり得ます。このエンハンシング効果は、適切に利用すれば人のモチベーションを高める強力なツールですが、悪用すれば、人の自由や尊厳さえも奪う可能性があるのです。

私たち一人ひとりがその力を正しく理解し、人を尊重し、支え合う関係を築くことが不可欠です。

ドナハラ（怒鳴りハラスメント）

大声で威嚇する——心理スキル概要

ドナハラ（怒鳴りハラスメント）は、大声で相手に怒鳴り散らして相手を威嚇《いかく》し、何も言い返せなくするパワハラの一種です。

アメリカの心理学者Y・ローズの実験によれば、声の大きさは私たちに対する印象に大きな影響を与えます。この実験では、68デシベル以下の小さな声は内気で臆病なイメージを与え、76～85デシベル程度の声は前向きで快活、積極的なイメージを持たせ、86デシベル以上の大声は攻撃的な印象を与える、と結論されました。

大きな声でまくしたてられると、攻撃されている、怖いと感じるのは、人間の自然な受け止めです。

また、「自信のなさと声の小ささには関連がある」とアメリカ・デイトン大学の心理学者キンブル博士は明らかにしています。小さい声でボソボソと話す相手に対しては、自信のなさを察知して、容易にマウントをとってきます。

大声で怒鳴って、恐怖や不安を与える——悪用事例

大声で怒鳴るような人に対して、私たちは攻撃的な感情や恐怖、不安を感じることがあります。

特に、普段は穏やかな声で話す人にとって、大声は非常に恐ろしいものになります。大声に恐怖を感じると、思考が停止してしまい、相手の言いなりになってしまいます。

例えば、「あの仕事、どうなった！　もう終わった⁉」「この前言ったでしょ‼」などと大声で言われると萎縮してしまい、言われた側は何も言い返せなくなります。

ドナハラから身を守る方法――対処法

◎「右耳優位の原則」を活用する

「右耳優位の原則」とは、人が右耳からの音に対して好意的な反応を示し、それらの音が脳の左半球によって優先的に解析されるという現象です。

この原則の実証として、イタリアのペスカラにあるクラブで行なわれた興味深い実験があります。

ここでは、タバコを求める女性が参加者に声をかけ、右耳から話しかけられた人々が左耳から話しかけられた人々よりもタバコを渡す可能性が２倍高かったというのです。

この結果は、私たちの脳が音をどのように処理し、それが感情にどのように影響するかを示しています。

その実験では、右耳に入った音が左脳半球で処理され、それがポジティブな感情と関連していることを明らかにしました。

その結果、右耳を使って聴くと、感情的なバイアスなしに、情報をより客観的に受け取ることができるとされています。

一方、左耳からの音はネガティブな感情に影響されやすく、これがストレスや不安の増加につながる可能性があります。

特に感受性が強い人は、左耳を通じてネガティブなフィードバックを受けると、過度にストレスを感じることがあります。

私のクライアントの一人は、接客業務中に不快なコメントを耳にすると、その影響を深刻に受けていました。ハラスメントを相談してきた、その他複数のクライアントへの聞き取り調査でも、このようなネガティブなやりとりを経験した多くの人が、無意識のうちに左耳で情報を受け取っていることがわかりました。

この発見を踏まえ、私はクライアントに右耳を使って情報を受け取るよう提案しました。

このシンプルな提案が、彼らに奇跡を起こしました。

多くのクライアントが、困難な状況に直面したとき、以前よりも恐怖や不安を感じることが少なくなったと報告してきました。彼らは、冷静さを保ちながら状況を適切に評価し、穏やかに対応するスキルを磨くことができました。

このテクニックが万人に効果的であるとは限りませんが、圧迫感や攻撃的な言葉に直面したとき、右耳で聞くことで、情報を冷静に、客観的に捉える新たなアプローチとして試してみる価値はあるでしょう。

◎自分も大きな声を出せるようにしておく

相手の声が大きくなると、多くの人は恐れを感じて反論しにくくなります。

この反応の背後には、大きな声に対する嫌悪感や恐怖感と、自分が大声を出すことによって他者を傷つけたくないという優しさが潜んでいることが考えられます。

ただ、自分を傷つけようとする相手に対して、過度に気を遣う必要はありません。大声を出すことに抵抗がある場合、それを克服することで相手の攻撃に立ち向かえるようになります。

しかし、必ずしも大声で反論する必要はありません。

大声で反論できるという自信だけで、心に余裕が生まれます。実際にハラスメントに悩む人たちにこの方法を試してもらった結果、大声を出すことへの抵抗感が減少し、相手の大声でのハラスメントに対しても免疫がついて、怖くなくなったという報告があります。

大きな声を楽に出せるようになる方法は、第4章の「ポーカーボイス」で詳しく解説します。

◎ネガクリアライティング

過去に大声で怒鳴られたトラウマや傷ついた経験が、怖い上司に反応して影響を与えることがあります。

これらのトラウマを解消するためには、そのときに感じた心の中に抱え込んでいる恐怖や不安の感情から目を背けずに、解放する必要があります。

信頼できる人に話してみたり、文字でノートに書き出してみてください。

私自身、会社員時代にお客様や、仕事相手から怒鳴られたり、理不尽なお叱りを受けた際は、その言葉をコピー用紙の裏紙に殴り書きしていました。

5分間無心に相手からの嫌味な言葉を書き殴ったあとは、それをぐちゃぐちゃに丸めてゴミ箱に捨てていました。

私はこれを「ネガクリアライティング」と名付けています。

実際やってみるとわかりますが、ストレス解消にとても効果があります。

相手から受けた嫌な言葉や態度を考えないようにすればするほど、心に湧き出てきます。

人は何かを考えないでいようとすると、かえってそのことを考えてしまう心理傾向があります。

書き殴ることで、「その問題には向き合ったから、もう忘れていいんだよ」と脳は判断します。心と体の緊張が緩み、自信を取り戻すことができます。

ドナハラに限らず、ハラスメントを受けたとき、モヤモヤしているときに、ぜひ試してみてください。

カチッサー効果

心のスイッチを巧みに活用する――心理スキル概要

「カチッサー効果」とは、ある働きかけによって、無意識にある行動を起こしてしまう心理現象の1つです。この効果を利用することで、他者に何かを頼む際に、より効果的なコミュニケーションが可能になります。

これは「人間の心もスイッチが入ったように切り替わる瞬間がある」ということを表現した言葉です。この効果の名前は、テープレコーダーの再生ボタンを押すときの「カチッ」という音と、その後に流れる砂嵐の「サー」という音に由来しています。

カチッサー効果に関する心理学実験において、アメリカの心理学者エレン・ランガーは、コピー機の順番待ちをしている列の先頭に行き、順番を譲ってほしいという依頼を３つの異なる言い方で試みました。

①先にコピーをとらせてもらえませんか？
②急いでいるので、先にコピーをとらせてもらえませんか？
③コピーをとる必要があるので、先にコピーをとらせてもらえませんか？

これらの言い方のうち、用件だけを伝えた①よりも、理由を含めた②や③の依頼のほうが承諾率が高かったことが明らかになりました。

また、コピーする枚数が少ない場合、本来の理由である「急いでいるので」と、こじつけの理由である「コピーをとる必要があるので」という2つの理由を使った場合、承諾率には大きな差は見られませんでした。

この実験から、頼みごとをする際に
「○○な理由から、○○してもらえますか？」

と説明を添えることが、相手の承諾率を高める有効なコミュニケーション戦略であることが示されました。

と同時に、根拠の薄い理由や明らかに論理的でない理由であっても、「○○なので、○○して！」と伝えることで、相手が応じる可能性があることがわかりました。

つまり、この方法は、パワハラやモラハラとして悪用されるケースがあると言えます。

適当な理由をつけて、主張を貫く――悪用事例

これは、私のクライアントAさんの相談事例です。

シフト制の仕事に入っているAさんのもとに、上司から次のようなメールが届きました。

上司　Aさん、お疲れ様です。スタッフBさんが副業を始めたので、シフトが回らなくなったので、穴埋めしてほしいので、Bさんの代わりに入ってください。もう変更したシフト表はできたので、よろしくお願いします。（原

文のママ）

笑ってしまうくらい「ので」のオンパレードですね。

Aさんが「不可能だ」との連絡を送ると、次のような返信がありました。

上司　シフト表をすでに作成し、他の人と共有済みなので、変更は難しいです。

メールの締めくくりには「私たちはあなたに頼っていますので、頑張ってください」という言葉が続きました。

合理的な根拠がない場面で、自分よりも立場が劣っている人に対して使われると、その人は反論の余地なく、指示に従わざるを得なくなり、圧倒的に不利な状況に置かれたという典型例です。

もう1つ、別の会話事例を挙げてみます。

上　司　この仕事を明日までに終わらせてほしいんだけど。

あなた　すみません。別の案件で立て込んでいて……。

上　司　これは急ぎなので、やってくれ。他の人に頼んでも「忙しい」と言われたので、君にやってもらうしかない。もし遅れたらクライアントに多大なる迷惑をかけてしまうので、すぐに取りかかってほしい。

この会話では、上司があなたの意向を無視し、「急ぎなので」「他の人に断られたので」「クライアントに多大なる迷惑をかけてしまうので」という不合理な根拠を示しています。

カチッサー効果から身を守る方法──対処法

理不尽で、非論理的な理由を、さも正しいように挙げてあなたに何かをやらせようとしてきた場合、まず心の中で、「きたな、カチッサー効果め！」とつぶやいてください。

その上で、相手の「……だから」「……ので」という「……」の理由づけ部分そのものに対して、いちいち納得して引き受ける必要はありません。
端的に、「現実的（能力、時間など）に無理だ」ということだけ伝えましょう。
その際、こちらも「のでので攻撃」で伝えてください。

あなた　能力的、時間的、体力的に無理なので、無理です。

もしくは、

あなた　できるかどうか、まずはシミュレーションします。10分ほどお時間いただけますか？

――10分後――

あなた　（シミュレーションしてみて）今日中には不可能という結論に至ったので難しいです。

相手が何らかの根拠を持って行動を促そうとしても、譲歩せずに最初からはっきりと拒否することが重要です。一度でも譲ってしまうと、その後、「前は特別扱いしてくれたのに、なぜ今はそうしないの？」という無理な要求を持ちかけられる可能性があります。だからこそ、最初の一歩から譲らず、一貫した態度を崩さないことが大切なのです。

カチッサー効果を悪用する人の共通点

私も多くの似たような経験から気づいたことは、無理な要求をする人たちの裏には、彼らの準備やスキルの欠如があることです。彼らは、しばしば上司としての立場を悪用し、問題の責任を他者に押し付けようとします。

しかし、そのような計画性のない要求に、あなたの時間やエネルギーを浪費する必要はありません。

その仕事をどうしても担当しなければならない場合、自分ができる範囲や期間をはっきりと定めて対処しましょう。

一人ですべてを引き受けるのではなく、自分の能力や限界を認識することが大切です。

なぜなら、期待を超えて仕事を引き受けた結果、満たせなかった場合、相手はただ「なぜできないのか、迷惑をかけたから、謝罪しろ」と非難するだけだからです。

困難な要求をする相手には、その意図を理解し、冷静かつ戦略的に対応することが求められます。自分の立場や意見をしっかりと持つことで、自己保護につながります。

アサンプティブクロージング

自分の提案が合意された前提で、話を進める——心理スキル概要

「アサンプティブ」とは「仮定する」という意味で、「クローズ」は「合意を得る」という意味を持ちます。相手が自分の提案をすでに受け入れたかのように話を進めることで結果的に相手がそれを受け入れる可能性が高まるというテクニックです。

このテクニックでは、相手が自分の提案や依頼を受け入れるという前提を仮定することがカギとなります。この前提を基に話を進めることで、約束や合意を取り付けることが容易になります。

こちらの都合を無視して、仕事を強引に振る——悪用事例

ハラスメント上司から、担当でもない仕事を強引に振られた経験はありませんか？

真顔で、さも当然の雰囲気を醸し出しながら、「これ、来週までに仕上げてほしい。いつまでにできる？」と言われるようなケースです。これが悪用心理戦術アサンプティブクロージングです。

こちらの都合や意向はいっさい無視され、仕事を命じられると、なかなか断れません。

会話例を挙げてみます。

上司　ちょっと頼みがある。この資料を今週中につくって。いつまでならできる？

ここでは、あなたに「いつまでならできる？」と都合や希望を聞いています。

あなた　それはちょっと大変そうですね。来週ならできるかも。ちょっと確認しますね。
（え!? 今、仕事が立て込んでいて、これ以上できないけどな……。あとで確認してから無理って言おう）

――数分後――

あなた　すいません。ちょっと仕事が立て込んでいて来週でも無理そうです。
上　司　なんだって!? さっき、できるって言ったじゃないか！　嘘だったのか！
あなた　す、すいません……。えーっと、やります……。

人は、ある仮定を基にした答えを一度出してしまうと、その答えに基づいた行動を取り続けないと違和感や罪悪感を覚える傾向があります。これが別の項目でも紹介した「一貫性の法則」です。
「自分の提案を受け入れるよね」という悪意者の「仮定」の下でそのまま話を進められてしまうとなかなか断れなくなるのけ、この心理が働くからです。

さらにここでは自らの「希望」や「条件」をいったん述べてしまう（ここでは「来週ならできるかも）」と、相手の要望を実現しないといけない気持ちになります。

これには「コミットメント（約束は守らないといけない）」という心理が影響しています。

もしその後、「やっぱりできません」と断った場合に、悪用する側から「さっき、できるって言ったよね！」「やるって言ったじゃん！　嘘だったの！」と言われると、罪悪感を覚えてしまうのも、この心理的作用から発生します。

そんな罪悪感に苛まれるあなた、もしかすると普段、服を選ぶ際に試着することに抵抗がありませんか？

「試着したら買わなければ、店員さんに迷惑をかけてしまう」「変な人だと思われるかもしれない」と内心、気にされているのかもしれませんね。

ですが、一度深呼吸して、冷静に状況を見つめ直してみませんか？

あなたは「今週は難しいけれど、来週ならば可能かもしれない」と正直に状況を伝えただけ。それを踏まえ、現実的に無理だと説明しているのです。

にもかかわらず、相手は自分の思い込みで、あなたが任務を果たせると信じ、断られると非難の言葉を浴びせてくる。

しかし、本当にその非難に耐えなければならないのでしょうか。

これは、私たちの心に働く「一貫性の法則」が影響しているだけ。まずは、その事実を自覚し、不必要なプレッシャーや罪悪感から自由になる第一歩を踏み出しましょうよ。

アサンプティブクロージングから身を守る方法――対処法

こうした状況で自分を守るためのポイントは、相手の提案や要求にすぐに合意しない「結論延期」が有効です。つまり、即答しないことです。回答を先送りにし、正当な理由を付け加えることで、相手の不当なアサンプティブクロージングを阻止することができます。

「今はできるどうかの結論は出せません。現在の状況を確認し、改めてご連絡します。それまでお待ちいただけますか？」

とはっきりとした口調で伝えることを基本対応としてください。

たとえ相手が怖い顔で回答の先延ばしを承諾しない雰囲気を出してきたとしても、「即答することで逆にご迷惑をかけてしまっては大変なので」と答えましょう。

あなた　了解しました。ただ、もう少し詳細を共有していただけると、スケジュール調整がしやすいかもしれません（調整しますと言わないことがポイントです）。具体的なタスクや納期、優先度について教えていただけますか？

上　司　できるかできないか、どっちだ。これは大事なプロジェクトだ。詳細はまたあとで教えるから、とにかく来週までに仕上げてほしい。できるよな。

あなた　ひとまずスケジュール調整が必要なので、詳細情報をお聞かせください。もしできない場合、ご迷惑をかけてしまうことになると申し訳ないので。その上でお返事差し上げます。

このような会話の中で、上司はアサンプティブクロージングを試みましたが、部下は冷静に自身の立場を守り、詳細情報の提供を要求しました。

繰り返しますが、アサンプティブクロージングを阻止するためには、明確なコミュニケーションと要求の根拠を示すことが重要です。何よりも、誰に対してもいい顔をしない。相手の顔色をうかがいすぎないことが大切です。

たとえ相手が威圧的に凄んできても、**「結論延期」「ご迷惑をかけたくないので」**の2点を武器に、相手の策略を阻止することが、結果的にあなたの信用を落とさないことにつながる、と覚えておきましょう。

第3章

嫌われない言い返し方「ポーカートーク」

——カウンター力①

効果的に言い返すのに必要なのは、語彙力ではなく、カウンター力基本3パターン

第2章で私たちはハラスメント悪魔たちが駆使する反論不可能に思える状況をつくり出す心理テクニックと対処法について学びました。

これらの策略を把握することで、多少なりとも心のゆとりを持てたはずです。

第3章と第4章では、その理解を活かし、具体的な対話の中でしっかりと反論できる「言葉の組み立て方・つくり方」をお伝えします。

相手の攻撃的な言葉に立ち向かうには、一見、豊富な語彙が必要に思われがちです。

しかし、実際には、3つの基本パターンを習得するだけで、多くの場面に対応できます。

言い返しや言い換えの手法を教える書籍や教材は多数存在しますが、提供される多様な選択肢を記憶し、即座に使いこなすのは容易ではありません。特に、相手の攻撃的な圧力の中で正確なフレーズを思い出すのはいっそう難しいものです。

ここで大切なのは、覚えやすく、基本的な表現をいくつか身につけておくこと。

これが、ストレスフルな対話の中で冷静さを保つカギとなります。

手始めに、３つの核心となるパターンを深く理解することから始めましょう。

この３つのパターンを基盤に、７つの返答のテンプレートをマスターすることが目標です。

これらのパターンは、実際のやりとりに容易に適用でき、相手の攻撃性を効果的に緩和する力を持っています。

繰り返しますが、本書の究極の目標は、単に相手を打ち負かすことを超え、攻撃的な言葉を機敏にかわしつつ、洗練された方法で対応する技術を磨き上げることです。

これら７つの返答のテンプレートを上手に活用することで、相手の敵意があなたに向けられ続けることは少なくなり、結果として心のストレスが軽減されていきます。

「カウンター力」の1つ目——ポーカートーク

会社の上司や同僚、クライアント、親　親せき、パートナーといった、切るに切れない、いわゆるめんどくさい相手から何かしらの攻撃的な言葉を受けたときに、即座に的確に言葉を返す能力を「カウンター力」と称します。

カウンター力の1つ目は「ポーカートーク」です。

ポーカートークとは、相手に不安や恐怖を感じさせずに話すテクニックです。ポーカーフェイスからつくった言葉です。ポーカーフェイスは相手に自分の考えを悟られない表情ですが、ポーカートークは相手に不安や恐怖を感じさせずに話すテクニックです。

ポーカートークの基本3パターンと、7つの言い返し言葉作成テンプレート

ポーカートークのスキルの核となるのは、次の３つの基本パターンです。

①「承認」
②「質問」
③「承認・質問」のコンビネーション

本書では、即座に返答が思い浮かばない人向けに「言い返し言葉作成テンプレート７」を紹介します。

このテンプレートは、相手からの不快な言葉に対し、すばやく適切な言葉を見つけるのに苦しむ人への解決策です。

すでに数多くの言い返しの方法を紹介してきましたが、それでも対応できない言葉

が投げかけられることもあります。

そんな状況で、どのように言葉を創造し、返すかの方法を伝授します。

基本的には、敵対せず、侮られず、最終的には関係性が良好なものに進展するという態度が大切です。

7つのテンプレートを詳しく解説し、それぞれを試し、自分に合ったものを選んで使うことをおすすめします。

目標は、敵対せず、侮られず、最終的には関係性が良好になる言い返し方

言い返せるようになるとは言っても、相手の悪意に引き込まれ、悪意を重ねるような返答は避けます。

なぜなら、悪意ある言葉に対し、悪意で返すことは、自身もその悪意に染まり、あなたが本来持ち合わせている善意や清らかな心を失ってしまうからです。善良な人が悪意に対して立ち向かう際、悪意で応じると、余裕を失い、自信のない態度に見えて

しまう危険性があります。

ただ強がっているようにしか見えず、心の狭い、おもしろみのない人物と周囲に見られるのは避けたいものです。

ここで紹介する方法は、どんな相手にも応用可能です。無邪気に傷つける言葉を投げかけてくる相手に対しても有効です。

この手法の狙いは、あなたと相手の関係を中立的なものとし、敵対的でも協力的でもないバランスの取れた状態にすることです。基本的には敵対せず、侮られず、最終的には関係性が良好なものになればいいのですが、最低限敵と認識されないようになることがポイントになります。

中には、紹介する方法が相手に負けを認めるような言葉を使っているではないかと疑問や怒りを覚える方もいるかもしれません。

本書の趣旨は、相手を徹底的に打ち負かすことではなく、相手のハラスメントの標的から外れることを目指しています。そのための確実な方法を紹介したいと考えています。

実際、私自身もこれらの言葉を活用し、相手からのネガティブな言葉に対する免疫力が大幅に向上しました。

私のスクールに参加される方々も、これらの言葉を使い始めたことで、職場や上司からの嫌味な言葉に対する耐性がついたと言います。無用な緊張感から解放され、今ではリラックスして人と話せるようになったとのことです。

これらのテンプレートを使用し、心ない言葉に困惑することなく、自信を持って対応できるようになりましょう。

相手の言葉に流されず、堂々とした態度で会話を進め、関係性を深める手法を身につけることで、コミュニケーションがより豊かになります。

効果的な言葉の選び方と使用方法をマスターし、ストレスのない人間関係を構築していきましょう。

7つの「言い返し」テンプレート一覧

No.	スキルパターン	テンプレート	内容・効用	本書掲載ページ
1	承認	基本承認	相手の攻撃がなかったものになる	本書 p.170
2	質問	説明責任追求	「どういう意味？」と聞く。たったそれだけ	本書 p.177
3	承認	リフレーム	からこそ思考	本書 p.185
4	質問	ヘルプ＆ティーチミー	相手の戦意を一瞬で削ぐ	本書 p.192
5	質問	比較	相手の余計なひと言は、これでシャットアウト	本書 p.201
6	質問	ツンデレ	相手をビビらせる最強のひと言	本書 p.211
7	質問	再定義	意味不明な批判や中傷に立ち向かうひと言	本書 p.219

【テンプレート1】（承認）

基本承認「相手の攻撃がなかったものになる」

相手が逆に戸惑う「ファクトベース承認」

私たちの日常生活では、モラハラやパワハラ的な言動で攻撃してくる人に出会うことがあります。これに対処する方法の1つとして、さりげなく言い返し、自分にストレスを溜め込まないやりとりがあります。

その方法の基本となるのが「基本承認」です。

基本承認として、「まずは受け入れてあげよう」というマインドで相手に対峙します。

攻撃に対し、「そのとおりです」「そうなんです」「はい。おっしゃるとおりです」と、笑顔で返事をするのです。

実は基本承認は、相手にとって一番嫌な対応となります。

なぜなら、ハラスメントの基本は、

①攻撃する側からの言葉での暴力

↓

②言葉を受け止められなくて苦しむことで「被害者」が誕生

という図式があって初めて成り立つからです。

そのため、相手の攻撃言葉に対して、こちら側が基本承認「はい、そうです、そのとおりです。それが何か？」とあっけらかんと丸ごと受け止め、承認してしまうと、そこには「被害者」は誕生しません。先の①→②の図式は崩壊するわけです。

攻撃者が求めるのは、こちら側の「落ち込んだ素振り」や「黙り込んでしまう」というご褒美です。

それを根こそぎ断ってしまうのが、基本承認基本形「はい、そうです」「はい、そのとおりです」という態度なのです。

相　手　まだ仕事終わらないの？　仕事遅いね。

あなた　そのとおりです。仕事遅いですよねー。

または、

あなた　はい。おっしゃるとおりです。なかなか終わらないですー。

このように、笑顔で返事をします。

攻撃言葉をそのまま受け止め、リピートすることで、相手は相当戸惑います。

これには、最初は非常に勇気がいりますが、ポイントは何も考えずに、そのまま受け止めることです。

私は、この承認の方法を「ファクトベース承認」と呼んでいます。

◎相手は私にまだ仕事が終わらないと言っている。
◎相手は私に仕事が遅いねと言っている。

以上！

これが「ファクトベース承認」です。

否定的な感情を介入させることなく、淡々と事実を承認します。


「ネガティブエコー承認」は、ツラくなるだけ

一方、相手の言動に対し、

「相手は私をバカでのろまで、無能と言って、攻撃してきている」

と解釈して、

「なんでこんなこと言われないといけないの！」

「そんな嫌なこと言うなー」

といったマイナス感情が湧き上がり落ち込んでしまう。

「全然ダメだね！」という言葉に対して、

「全然なんて言わなくてもいいじゃないか」

「努力を少しは認めてくれよ」

という怒りの気持ちが湧き上がってくる。

私はこの承認方法を「ネガティブエコー承認」と呼んでいます。ネガティブ感情がいつまでも頭の中でエコーのように鳴り響いている様子から名付けました。

ハラスメントの言動を取られて落ち込んでしまう人の多くは、この「ネガディブエコー承認」を繰り返す人です。

「ファクトベース承認」で、相手は攻撃の意味を失う

しかし、それらの感情が湧き上がる間もないくらい反射的に反応し、もしくは、マイナス感情はそのまま保留したままでもいいので、「はい、そのとおりです！」と笑顔で返事をするのが、ここでのポイントになります。

相手は、攻撃してものれんに腕押しで、効き目がないと感じてくるでしょう。打たれ強い、何を言ってもびくともしないメンタルを持っていると思わせる人は、「ファクトベース承認」で人とコミュニケーションを取っている人です。

相手は戦いを仕掛けたのにもかかわらず、何の躊躇《ちゅうちょ》もなく、その言葉を受け入れるあなたに、驚きと戸惑いを感じるでしょう。

繰り返しますが、相手があなたに望んでいるのは、攻撃してビビったり不安な顔を見せることです。相手があなたのビビる姿を見ることで、自分のほうが強いと感じ、承認欲求を満たして喜んでいるのです。

しかし、あなたが平然として、ビビった表情も見せずに、「ファクトベース承認」であっさりと承認してしまうと、相手はその期待を裏切られる形となり、あなたに対する攻撃の意味を失ってしまいます。

「ファクトベース承認」の副次的メリット

ファクトベース承認のやりとりによって、あなたは相手から一目置かれるだけでなく、周囲に自分の弱みや欠点を素直に認められる自信や余裕を演出することができます。

そして、その結果、あなたはよりポジティブな評価を受けることができるでしょう。

このように、承認することは、一見、負けを認めているように見えるかもしれませんが、実はこれが最大の攻撃となります。

承認は、ここで述べた方法の基本にあたりますが、これだけでなく、他のさまざまなフレームと組み合わせて使うことで、さらに効果的な対処法となります。

これらの組み合わせによって、モラハラやパワハラ的な言動に対しても、自分を守りながら、健全なコミュニケーションを図ることができるようになります。

さて、このあとに出てくる6つのフレームと組み合わせて使っていく方法についても詳しく見ていきます。

これらをうまく活用することで、日々のコミュニケーションがよりスムーズになり、ストレスフリーな生活を送る一助となるでしょう。

【テンプレート2】（質問）

説明責任追求「『どういう意味？』と聞く。たったそれだけ」

最強の問いかけ「どういう意味ですか？」

「どういう意味ですか？」は、相手に疑問を投げかけるフレーズであり、相手に言葉の意味や背景を説明させるための有効な手段となります。

この問いかけは、相手が無意識に投げかけた言葉や、理不尽な言葉攻めに対して、その言葉の意味や根拠を具体的に説明するよう要求していることになります。

相手　バカじゃないの？

あなた　それってどういう意味ですか？

相手　はい！　論破。

あなた　え？　それってどういう意味ですか？　具体的に教えてください。

相手　どういうことだ！　説明しろ！

あなた　どういうことってどういう意味ですか？　詳しく教えてください。

笑顔でニコッと、もしくは、低くドスの効いた声で、間髪入れず、「え？　それってどういう意味ですか？　教えてください」と伝えましょう。

「間髪入れず」がポイントです。

イメージとしては、漫才のツッコミのイメージです。

相手の言葉に傷つく間もつくらない勢いで、「どういう意味!?」とツッコミを入れるのです。

自分の発した感情的な言葉の背景を具体的に「こういうことだよ」と説明するのは難しいものです。

相手は「そのままの意味だよ」とか「そんなこともわからないの？」と反論するかもしれません。

しかし、こちらも譲らず、具体的な意味を求めて、メモを取りながら追及してみましょう。

説明責任追求「どういう意味？」の効用

このアプローチは、無意識にネガティブな言葉を使う人には、特に効果的です。

この方法を用いることで、以下の効果が期待されます。

◎相手が自らの言葉に責任を持たざるを得なくなる。
◎相手が言葉の意味や背景を明確にすることで、感情的な攻撃から論理的な議論へと移行する可能性が高まる。

攻撃してくる相手は、あなたを攻撃してくる際には自身が過去に受けた苦い経験をベースに、自分が傷ついた言葉を使って、あなたを攻撃してきます。

彼ら自身が子供の頃や新社会人のとき、上の立場の人たちから厳しい叱責を受けてきた結果、似たような状況を目の当たりにすると、その経験を反射的に思い出してしまうのです。

そのため、過去に言い返せなかったツライ感情や怒りの感情を現在の相手（あなた）に向けて発散することがあります。それを考慮すると、彼らには少しだけ同情もできますが、それによって相手を傷つけることは決して許されないことです。

実際、過去の苦しい経験を持つ人の中でも、他者にその痛みを与えたくないと感じて自制する人は多くいます。虐待を受けたすべての人が同じ行動を繰り返すわけではありません。

しかし、一部の人は、その自制心を失ってしまうことがあります。そういった人にビクビクした態度を取ることは、相手の悪の感情を助長させるだけです。

だからこそ、相手の攻撃的な言葉に対して、こちらが感情的に反応するのは、最も避けたい行為です。

「どういう意味ですか？」と冷静に繰り返し問い返すことで、相手に自らの言葉の意味や背景を考えさせることができ、繰り返し行なうことで、あなたに対する無意識の言葉攻めが減少します。

「どういう意味ですか？」以外の2つの説明責任追求系キラーフレーズ

合わせてもう１つ「どういう意味ですか？」と関連するキラーフレーズをご紹介します。

それは、

「もう一回お願いします」

「もう一度言ってもらえますか？」

です。

このワードも間髪入れずにツッコミを入れるイメージで使いましょう。
恫喝《どうかつ》、脅し、悪口、嫌味全般……、これらのネガティブな言葉に対しては、自分を守りながら、相手を挑発せず、堂々とした態度を維持する対応が求められます。
繰り返しの嫌味や攻撃がある場合、このワードで冷静に対応することが効果的です。

会話事例で見てみます。
友人との食事中、ある話題になり、突然友人がこう言いました。

友　人　そんなこと信じてるの？　バカじゃないの？
（間髪入れず）
あなた　もう一度、その言葉を言ってもらえる？

友人の態度は急に変わり、

友　人　いや、冗談だよ。そう思ってないよ。

とフォローし始めました。

このワードの使用目的も「どういう意味ですか？」と同じく、相手の攻撃の勢いを削ぐことです。

自分を追い込むような状況を避けるためのものです。

相手の言葉を文字どおり受け取る意思がないことを示す強い拒否のサインです。そして、**「そのような言葉に私は屈しません」**という意思表示でもあります。

そのときの言い方のポイントは、２つあります。

①まばたきをしないで伝える。
②言い終わった後、３秒相手の左目の黒目の光を見据え続ける。

アメリカの心理学者テッセ博士の研究によれば、過去の大統領選討論で負けた候補者は1分間に約150回まばたき、勝者は99回まばたきました。

まばたきの多さは、緊張や不安の表れと分析され、有権者に影響した可能性があるとされています。まばたきの回数が増えることは、緊張したり焦っていたり興奮状態になっていることが現れているということなので、注意しましょう。

具体的に反論する必要はなく、今回紹介したワードを使うだけで十分です。

パワハラ・モラハラしてくる人が一番求めているのは、相手が言い返さず、素直に要求に応じること。無茶苦茶な要求や脅しに屈せず、自分を保護するためには、この2つのワードを活用してみてください。

【テンプレート3】（承認）
リフレーム「からこそ思考」

「からこそ思考」で、ポジティブにリフレーム

こちらが意図していない状況でいきなり相手からの厳しい口調で浴びせかけられた言葉を受け、心が傷ついてしまったことありませんか？

そんなときは、心の中で言葉を「リフレーム」することでポジティブなエネルギーに変換しましょう。

リフレームとは、言葉を再構築、言い換えるテクニックです。

例えば、「仕事が遅いね」というマイナスの言葉も、「はい、遅いです！　遅いからこそ、他の人には見えない問題点や改善点が見つけられます」とプラスの言葉に換えてみてください。

リフレームのコツ

瞬時にポジティブな言葉に言い換えるのは難しいですが、コツを押さえれば容易になります。

コツはまず、相手からの攻撃言葉をそのまま受け止めて、同じ言葉を繰り返してみてください。

そのあとに、「だからこそ」「そのおかげで」「おかげさまで」に続けて「●▽力、▲○能力が身についた」という形式で言葉をつくることです。

公式は次のとおりです。

①「相手からの悪意の言葉」を受けたら、そのままリピートする。
②「リフレーム」で、ポジティブな言葉に変換。
③「だからこそ」「そのおかげで」「おかげさまで」と続けて、ポジティブな効果をアピール。

リフレームの例をもう少し挙げてみます。

相　手　太ったね。
あなた　太りました。太ったからこそ、幸せアピール力が身につきました。
相　手　君には期待していないから。
あなた　期待されていないんですね。期待されていないからこそ、プレッシャーから解放されました。

「太った」「期待していない」という言葉をそのままリピートし、そのあと、「〜からこそ」とつなげる部分は、文字で読むと違和感を覚えるかもしれません。

しかし、実際の会話の一連の流れの中で使った際に気づくと思いますが、相手から何かしらツッコミを入れられる、ということは発生しません。

相手は、あなたの瞬時の返しに対して、「なんでビビらないんだろう、攻撃が効いていないのかな」という部分に意識が向いているからです。

ものごとには表と裏、陰と陽が存在します。目の前に見えているネガティブな側面だけでなく、ポジティブな側面も探してみてください。悪意のある言葉でも、その裏側には自身の成長の種が隠されているかもしれません。

リフレームが難しいときの対処法

どうしてもリフレームが難しいと感じたときには、

「それがいいって言う人もいるんです」

と返すのが効果的です。

特に外見や性格に関する批判に対して有効です。

例えば、こんな感じです。

相　手　色気ないよね。
あなた　それがいいって言う人もいるんですよね。

さらに、「誰がそんなこと言ってるんだよ！」と追求されたら、「内緒です」「ファンです」「個人情報なので言えません」と軽く流しましょう。

悪意のある言葉を投げかける相手に、深入りする必要はありません。

ビジネスの場でも、リフレームのテクニックを活かせば、心の平穏を保ちつつ、自己成長も促せます。

一見、ネガティブな言葉でも、その裏に潜むポジティブなメッセージを見つけ出し、心晴れ晴れとした毎日を過ごしましょう。

「ほめ言葉」かのようにリフレーム

その他のテクニックとして、相手からの嫌味や悪口も、あたかもほめ言葉であるかのように捉え直す方法があります。

「ほめてます?」「ほめてくれてます?」「そんなほめないでくださいよ」が言い返し基本パターンです。

また、

「それって好きってことですか?」「それって興味あるってことですか?」も有効です。

笑顔でニコニコしながら、「それ冗談で言ってるんですよね」的な軽いノリで返してみてください。相手の批判的な言葉を、こちら側で前向きな解釈に勝手に変えてしまうことで、こちらを傷つけようと目論む相手の期待を裏切る方法です。

相手　またプレゼンうまくいかなかったのか?　よく平気でいられるな。

あなた　え？　それってほめてます？　メンタル強いって言いたいってことですよね。

相　手　仕事以外のプライベートは、なんか遊んでるように見えるね。

あなた　おほめの言葉、ありがとうございます。そんなに私に興味ありますか？

相　手　根に持つタイプに見えるね？

あなた　ほめ言葉ですよね。粘り強いっていう。

相手が意図的に批判的な言葉を投げかけてきても、このテクニックを用いることで、相手の言葉をポジティブに捉え直し、ストレスを感じずに応答することができます。これにより、相手からの言葉に左右されず、自らの感情や思考パターンをコントロールし、タフなメンタルを構築していくことができます。

【テンプレート4】（質問）
ヘルプ&ティーチミー「相手の戦意を一瞬で削ぐ」

相手の攻撃から身を守る新しい戦略「助けてください」

罵詈《ばり》雑言や能力を罵《ののし》る言葉。それは私たちの日常において、時に耳にするかもしれない辛辣な言葉です。しかし、これに対してどう対処すればいいのか、迷ってしまうことはありませんか？

そんな罵倒を受けた際に心を守るための新しい方法を紹介します。

「ハゲたね」「太ったね」といったコンプレックスを突く言葉や、「仕事できないね」

「仕事遅いね」といった能力を否定する言葉。

これらに対して、「助けてください」と答えてみてください。

相手が「助けようがないよ！」と返してきたら、「そんなこと言わずに助けてくださいよー」と再び伝えます。

この繰り返しを続けることで、相手は戸惑い、攻撃の意欲が失せていきます。

なぜ「助けてください」は効果的なのか

攻撃を続ける人は、多くの場合、他者を低く見ることで、自分の存在価値や自信を確立しようとしています。

しかし、「助けてください」という言葉は、攻撃的な姿勢に対する意外性から、相手を困惑させるだけでなく、心理学的にも深い効果があります。

アメリカの心理学者レオン・フェスティンガーは、「認知的不協和の解消」という理論を提唱しました。この理論によれば、人は自分の行動と認識の間にギャップが生まれると、そのギャップを埋めるために、自分の認識を修正する傾向があります。

例えば、好きでもない相手を助けた場合でも、「好きだから助けた」のではなく、「助けたから好きになる」という心理的変化が生じるのです。

すべての人には承認を求める気持ちがあります。攻撃的な態度を取る人たちも、実はそのような欲求を深く感じています。それは、彼らの内なるコンプレックスの表れかもしれません。そうした人に「助けてほしい」と伝えることで、彼らの欲求は満たされるかもしれません。その結果、あなたを尊重するようになり、攻撃の度合いも和らぐでしょう。

「助けてください」の進化系「ティーチミー作戦」

このテクニックをさらに進化させるには、「どうしたらいいか教えてください！」と追加する「ティーチミー作戦」も併用します。

これによって、相手は、攻撃からアドバイザーへとシフトし、より建設的な関係が築けるでしょう。

このテクニックが実際の場面でどのように機能するのか、具体的な会話の例を見てみましょう。

相　手　最近、仕事の進捗が遅いね。

あなた　本当に申し訳ないです。困っているので、助けていただけませんか？　どうしたら効率良く進められるか教えてください！

相　手　えっーと、まずは、タスク管理を見直してみるといいかもね。

相　手　そのアイデア、実はあまり良くないと思う。

あなた　そうですか……。じゃあ、どうすればもっといいアイデアになるか、助けてください！　具体的にどう改善すればいいですか？

相　手　うーん、そうだな……。もう少しユーザーのニーズを考慮するといいかもしれないね。

相　手　報告書、いつも同じミスをしているね。

あなた すみません、改善したいと思っています。助けてください。どの部分を注意深くチェックすればいいでしょうか？

相　手 データの正確性を3回確認することと、文体の一貫性に注意してみて。

これらの会話例からもわかるように、「ヘルプ&ティーチミー」法を用いることで、相手は協力的な態度に変わり、有益なアドバイスを受けることが期待できます。

「ヘルプ&ティーチミー」法を活用すると、攻撃的な言葉を避け、より建設的な対話を促進できます。相手があなたに対して批判的であったとしても、助けを求めることで相手の心理的バランスを変化させ、ポジティブな方向に持っていくことが可能です。

このアプローチの背後にある心理学的メカニズムを理解すると、相手との関係性をより良好に保ちながら、相手の期待に応えることができます。

また、相手があなたを助けることで、彼ら自身も自分の価値を再確認し、あなたとの関係がより強固なものとなるでしょう。

なお、相手に助けを求める際は、相手が嫌味やハラスメント的な言動をとってきたとしても、誠実な気持ちを持って聞くことが大切です。

自分の弱みや困っている点を正直に伝えることで、相手の中にかすかに残っているかもしれない良心がうずいて、協力的な態度を取ってくれる可能性が高まります。アドバイスを真摯に受け入れることで、あわよくば相互の信頼関係が深まり、より良い結果を生み出すことができることを期待しましょう。

もちろん、それでも相手のハラスメント的な態度が改善しないこともあるかもしれませんが、それはそれで、相手の知識やスキルを引き出して頂戴できれば儲け物くらいの気持ちでチャレンジしてみてください。

仕事のやり方、進め方で攻撃的な発言を受けたときの対処法

最後に、職場や日常で、

「俺ならそんなやり方絶対しないけどな」

「そのやり方、古いんじゃない。時代遅れだよ」

「そんなこともわからないの?」

「勉強不足なんじゃない?」

「努力が足りないんじゃない?」

といった仕事のやり方、進め方で、攻撃的や嫌味な発言を受けた際の対処法をお伝えします。


その際、相手の意図や背景を見極め、適切に対処することが大切です。

このような発言をする人は、大まかに次の3つのタイプに分けられます。

①自己アピールが強いタイプ。
②素直な愛情表現が難しい、職人気質のタイプ。
③単に嫌味を言いたいだけのタイプ。

①のタイプは、自分の能力を認めてもらいたい欲求が強い人です。
例えば、「俺ならそんなやり方絶対しないけどな」と言ってくる人は、実は誰から

も認められない自己肯定感の低いタイプで、頑張りや知識をアピールしたいという意図があります。

そういった背景を理解し、彼らの有能さを「師匠と呼んでいいですか？」と賞賛してあげましょう。

②のタイプは、真面目で職人気質な上に、コミュ障が入っていて、言葉がぶっきらぼうになるタイプで、悪意はそれほどありません。

「そのやり方、古いんじゃない。時代遅れだよ」と指摘してくるような、良い仕事をすることが生きがいの人たちです。

このタイプとの関係を築くには、メモを取るなど、真剣に学ぶ姿勢を示し、「勉強になります。ぜひ教えてください」と敬意を込めて伝えることが大切です。熱意が伝われば、仕事力を高めてくれるあなたの良き師となってくれるでしょう。

③のタイプは、単に「そんなこともわからないの？」「努力が足りないんじゃない？」といった嫌味を言いたいだけの人たちです。

このタイプには、具体的な質問を投げかけ、実際に知識や経験があるのかを確認しましょう。

最終的に、相手の真剣度や意図を見極めることで、適切な対応を取ることができます。

自分自身も具体的な事実や数字で説明できるように心がけることで、余計な批判を避けることが可能でしょう。

【テンプレート5】（質問）

比較「相手の余計なひと言は、これでシャットアウト」

相手の無用な非難をかわす

比較を用いたコミュニケーションテクニックは、相手の無用なコメントや非難を上手にかわす効果的な方法です。

この手法は、相手の言葉に対してスマートに反応し、余計なひと言をシャットアウトするためのものです。

ここでは、その具体的な方法と効果について詳しく解説します。

相手のハラスメント的な言葉に対して、

「誰と比べて？」
「いつと比べて？」
「何と比べて？」

と抵抗する言葉を投げかけてみてください。

外見や内面に対して余計なひと言を言ってくる相手に対して効果的です。

感情的になって抵抗するのではなく、あくまでも冷静にスマートに伝えましょう。

相　手　太ったね。
あなた　いつと比べてですか？
あなた　誰と比べてですか？

このように答えると、

相　手　前に比べてだよ。
相　手　誰ってお前だよ。

と答えてくるかもしれません。
それに対しては、

あなた　前っていつですか？
あなた　お前っていつのお前ですか？

と投げかけます。
例えば、こんな感じです。

相　手　誰にでも媚《こび》を売って、八方美人だね。
あなた　誰と比べてですか？
相　手　誰ってお前だよ。

あなた　お前っていつのお前ですか？

ポイントは、問題を指摘されても、その言葉の意味をそのまま受け取るのではなく、その意味するところを深掘りしていくことです。

これにより、相手は、言葉を発する際の基準や比較対象を明示することを余儀なくされます。

だんだん相手も説明するのがめんどくさくなってくるはずです。

このようにして、相手の無用なひと言や批評に対して、スマートにかわすことができます。

「なぜ今それを言うの？」への対応フレーズ

「性格暗いよね？」「態度悪いよね」「注意力散漫だよね」など、性格、態度などに対して、突然予期せぬコメントを受けたとき、直ちに対処できない事柄に関する指摘が多いものです。

「なぜ今それを言うの？」と思うことありますよね。

そういった状況には、

「努力しています」

「改善中です」


といった「今はダメだけど、努力している最中」の言葉を用いるといいでしょう。人の外見や内面を不躾《ぶしつけ》にディスる行為はしてはいけません。しかし、デリカシーのない相手は、そんなことを関係なく言ってきます。

そんなときは、「今はまだ不完全かもしれませんが、成長の途中です」とアピールするのが有効です。

この対応のメリットは、「私は柔軟に意見を受け入れています」「不足点や課題に対して取り組んでいます」「気にかけてくれてありがとう」というメッセージを相手に伝えることができる点です。

言葉の受け取り方は相手によるでしょうが、少なくとも「私は動じません」というメッセージは、相手に届くはずです。

こちらの努力や成果を軽視されたときの対応フレーズ

「よくそんな企画書通ったね」

「どうしてそう自信満々に振る舞えるのか、理解できない」

こんな批判的なコメントを受けると、頑張りを否定された気持ちになり、落ち込みますよね。

人の努力や成果を軽視する人がいるのは残念なことです。

私たちがどれほどの努力をして、その結果を出したのか、彼らは理解していないのに、冷たい言葉を浴びせてきます。

自分に自信がない、他人の評価を気にしすぎる人は、このような批判に特に敏感になりがちです。

相　手　その企画書で通過したの？

あなた　（オドオドしながら）頑張ったつもりなんですが……（無言）。

相手は、このような落ち込んだ様子で返答することを期待しています。

相　手　頑張ってそれだけ？　信じられない。

とさらに批判してくるかもしれません。
こんな相手に時間を浪費する必要はありません。

あなた　（明るい声で）ありがとうございます！　おかげさまで!!

このように感謝の言葉を伝え、足早にその場を立ち去るのがベストです。
ハラスメントで悩む人の多くが、相手からの言葉がけに対して、真面目な人ほど、相手の言葉をきちんと受け取ってコミュニケーションを成立させなければいけないと思い込んでいます。

しかし、そんな決まりはありません。

自分の成長になんの足しにもならない、不要なコメントだなと感じたら、ひと言伝えて、足早に去って構わないのです。

別に、相手に特別に世話になっていなくても「おかげさまで！　ありがとうございます！」と言ってあげましょう。

「ありがとうございます！　おかげさまで！」の心理学的な大きな効用

この言葉の便利なところは、「ありがとうございます」「おかげさまで」と笑顔で伝えるだけで、相手の攻撃欲を萎えさせる効果があります。

さらに、明るい声で「ありがとうございます！　おかげさまで！」という言葉を送り続けるだけで、あなたの存在をポジティブな存在として認知するようになります。

これが「好意の返報性」という心理学の原理です。

心理学者のデニス・リーガンのスタンフォード大学での実験は、この原理を明確に示しています。

スタンフォード大学の男子学生を対象に行なった返報性の法則に関する研究では、興味深い実験が行なわれました。

初めに、学生たちは「美術品を評価する」という仮のタスクを受け取ります。しかし、彼らと一緒に活動する中には、スタッフが混ざっています。このスタッフは、途中で休憩をとり、コーラを持ってきますが、２種類の方法でこれを行ないます。

①自分だけのコーラを取りに行く。
②自分のコーラとともに、学生の分も取りに行く。

実験の後半で、このスタッフは学生に「景品が当たる抽選チケットを買いませんか？」と提案します。

果たして、どの学生がチケットを購入するでしょうか？

実験結果によると、コーラを受け取った学生は、受け取らなかった学生に比べて、チケットを約2倍買いました。

驚くべきことに、スタッフに対する学生の感じ方に関係なく、コーラを提供されたかどうかが、チケットの購入意欲に影響を及ぼしました。

これは、返報性の法則が、個人の感情を超えて作用することを示しています。

返報性の心理は、相手がこちらに対して敵意を持っていても有効です。

あなたが「ありがとうございます！　おかげさまで！」と善意で応えることで、その敵意は徐々に減少し、最終的には善意に変わります。

【テンプレート6】（質問）

ツンデレ「相手をビビらせる最強のひと言」

ツンデレ返答で、
自らの不適切な言動を考え直させる

ツンデレとは「で、それが何か？」「で、だから？」「で？」といった言葉を使って、相手の攻撃的な言葉に対して冷静に対応し、相手に質問を投げかけることで相手を戸惑わせ、パワハラやモラハラをやめさせる効果があるというものです。

これをもう少し具体的に、かつわかりやすく説明しましょう。

同僚A　あなた、いつも悩みがなさそうでうらやましいね。気楽でいいね。
あなた　はい、悩みなんてないです。で、それが何か？
同僚B　このままだと、結婚できそうにないね。
あなた　はい、このままだと結婚できそうにありませんね。それが何か？

このように、ツンデレのコミュニケーションスタイルを用いることで、パワハラやモラハラから自分を守ることができます。

この戦略は、相手に自らの不適切な言動を考え直させることで、パワハラやモラハラを未然に防ぐ目的があります。

相手にとっても「それが何か？」と質問されることは、その対応は非常にめんどくさいことだと感じます。

相手は、さらに詳細に説明しなければならず、それがパワハラやモラハラ認定を受けやすくします。相手にとっては、モラハラ、パワハラリスクが高まるため、次第にあなたに対して攻撃的な言動を控えるようになるでしょう。

このテクニックは、相手の言動に対して適切に対応し、自己防衛する手段として有効ですが、アサーションとは異なるコミュニケーションスキルです。

アサーションが自己表現の技術であるのに対し、ここで述べたテクニックは、相手の不適切な行動を制限し、自己防衛するための戦略と言えます。

ツンデレに関連する３つのキラーフレーズ

ツンデレワード「それが何か？」「だから？」「で？」に関連するワードとして、さらに３つのキラーフレーズをご紹介します。

それは、次の３つです。

「これで全部ですか？」

「それだけですか？」

「もういいですか？」

このフレーズを使う際は、表情とセットであることを忘れないでください。

人は、無表情な顔を持つ人間に対して一定の「畏怖」や「強さ」を感じることが心理学的に証明されています。

アメリカの心理学実験によれば、雑誌広告掲載の写真で無表情のモデルの写真は、笑顔や微笑みのモデルの写真よりも「強く見える」という結果が得られました。相手に「畏怖」「強さ」の印象を与えたければ、**無表情を意識的につくり出して活用**しましょう。

例えば、少し生意気だと感じる部下から、「この仕事、本当に必要なんですか？」と問われた場合、どのように対応しますか？

言葉でその仕事の意義を論理的に伝えるのもいい方法です。

けれども、どう見てもただの不満から言っているような場合、わざわざ説明するのは煩わしいと感じることもあるでしょう。

そんなときにおすすめなのが、長々と説明するのではなく、質問で返す方法です。

以下の会話例はその一例です。

部　下　この仕事、本当に必要なんですか？
あなた　必要ないと思うのは、どういうことからですか？
部　下　多くの人がやりたくないと言っています。
あなた　それはどういう意味でしょうか？
部　下　私はその仕事の意味を感じません。なぜこの仕事をしなければならないのですか？
あなた　……（静かに真顔で部下を見つめる）。
部　下　その、なぜ……意味は……。
あなた　言いたいことはそれで全部ですか？
部　下　それだけでは……。
あなた　……（静かに真顔で部下を見つめる）。
部　下　あ、いいです。やります。
あなた　……（静かに真顔で部下を見つめる）。

冷静に「それで、全部ですか？」と問うこと。

そして、答えが返ってくるまでの間、3秒ほど無表情で待つことです。

初めは難しく感じるかもしれませんが、これにより、部下に自分の考えを深く内省させることができます。

部下の成長を促すフレーズ

先ほどは、部下の質問に対してあえて即座に答えず、真顔で対応し、部下自身に考える機会を与える方法を紹介しましたが、一方で、あなた自身が相手の成長を願う気持ちがあるなら、

「一緒に考えてみましょうか」

というフレーズも覚えておいてください。

文句を言っているように聞こえて、もしかしたら相手は実はコミュ障で、ぶっきらぼうな言い方しかできないタイプかもしれません。その上で、業務の効率化を真剣に考えて質問してきているかもしれません。

私が過去、会社員時代に後輩とのコミュニケーションでつまずいた経験が何度かあります。

後輩　このタスク意味ないんじゃないですか？

上司　必要か必要でないかはこちらが決めるから。とにかくやってみて。

後輩　でも、やめても特に問題ないと思いますが……。

上司　よくわかってないのに、勝手に決めないで。

振り返れば、私の反応は思いやりが足りなかったと感じます。

私自身、会社員時代は、上司の指示に従うことは絶対で、それがいい社員だと信じ、そのように行動してきました。そのため、仕事の意味や意義について質問された際、無意識に自分の信念が否定された気持ちになり、焦りと不安にかられました。

もう15年以上も前の話ですが、当時の後輩には申し訳なく思っています。

あのとき、

司 意味がないと感じるんだね。どうしてか教えてくれる？

←ひととおり後輩の意見を聞いたら、

司（笑顔で）言いたいことは、これで全部かな？　じゃあ、仕事を進めながら、一緒にその意味を考えてみようか？（笑顔3秒キープ）どうかな？

こんなふうに受け止めて話を聞いていたら良かったと、今は後悔しています。

相手の意見や疑問を受け止め、一緒に解決策を探ることが、信頼関係を築く第一歩になります。

笑顔でポジティブな対応をすることが、相手のやる気を引き出すカギとなります。

それが結果的に、チーム全体の生産性や協力の向上にも寄与するでしょう。

【テンプレート7】（質問）

再定義「意味不明な批判や中傷に立ち向かうひと言」

あいまいな抽象的な言葉に対して、具体的な意味を説明させる

ハラスメントをしてくる相手の言葉は、時に非常に抽象的で、何を問うているのかわからず、困惑することがあります。

「もっと効率良くできないの？」

「普通そんなことはしないよ」

このような状況に対して、どのように対応するといいのでしょうか？

ここで紹介するテクニックは、「再定義」テクニックです。

ドラマ「義母と娘のブルース」の中で、綾瀬はるかさん演じるキャリアウーマンが巧みに使っていたこのテクニックは、相手から放たれた言葉を相手に再定義させることで、自分のペースに引き戻す方法です。

例を挙げてみます。

相　手　仕事遅いよ！　効率が悪いよ！
あなた　すいません。ところで「効率」とは？

このように質問することで、相手に具体的な意味を説明させせます。


「だから、もっとテキパキと早く終わらせろよ」

と言われたら、

「テキパキ？　とは？」

と切り返します。

「だからとにかく早くやればいいんだよ。普通に考えればわかるだろ！」

と返してこられても、

「『普通？』とは？」

と切り返すわけです。


文字で見ていると、あたかも相手をバカにしているようなやりとりに思えるかもしれません。

しかし、実際やってみるとわかりますが、非常に効果的に相手の攻撃をかわすことができます。

このアプローチは、相手の言葉が抽象的である場合、あいまいなときに特に有効です。

具体的な内容を要求することで、相手が実際に何を望んでいるのか、どのような状況を理想としているのかを明確にすることができます。

明確でない抽象的な言葉を使って攻撃してくる相手の魂胆《こんたん》は、このような言葉を使って攻撃したら、相手はビビって適切な言葉を返せず、謝ることしかできないと思い込んでいることです。あえて不明確な要求をすることで、あなたが答えに窮することを期待しているわけです。

それに対し、不明確な言葉の再定義を要求することで、相手が具体的な要望や期待を言語化しないといけないという説明責任が生じます。

このような攻撃に慣れていない相手は、最後は、「つべこべ言わずに、言われたとおりにやれ！」などと捨て台詞を吐いて去って行くでしょう。

再定義を要求したいキーワード

このテクニックは、特に程度を示す副詞（例「もっと」「とにかく」など）に対して有効です。

これらの言葉は、あいまいさを増幅させることが多く、具体的な行動や期待を示していない場合が多いのです。ざっと挙げてみます。

（例）かなり・もっと・よほど・たいそう・大いに・すべて・ちょっと・ごく・やや・もっとも・もう・だんだん・きわめて・いっそう

ただし、私たち自身もこれらの言葉を使用する際は気をつけるべきです。

例えば、仕事をミスしてしまった場合、

「できるだけ早く対応します」

「しっかり確認します」

などのフレーズを使うと、めんどうな相手からは、

「できるだけってなんだ！　その言い方は！　具体的に言え？」

「今度から？　今、迷惑しているんだよ！」

「しっかり確認してミスしたんでしょ！　どうするの！」

などと嫌味を言われかねません。

数値化、具体化して伝えましょう。

例えば、こんな感じです。

「できるだけ早く提出します」
←
「明日10時までに提出します」
←
「しっかり確認します」
←
「次回からは毎回メモを取って、その日のうちに内容をチェックしてもらいます」

たとえ失敗したとしても、数値化して具体的に厳密に表現する癖をつけることは、仕事に対しての真摯な取り組み姿勢をアピールできることになるので、あなたの評価を高めることにつながります。ぜひ意識して活用してみてください。

言葉の攻撃が来たら、短い言葉でいいので打ち返す

この章では、不快な言葉の攻撃に７つの方法で対抗する方法を解説しました。

相手からの嫌味な言葉、ハラスメント言葉一つひとつに対してその都度考えて言葉を紡ぎ出すのは難しいですが、この７つのフレームを用いれば、反応するのは難しくありません。最適な手法を選び、試してみてください。


相手からの攻撃に対して、言葉に詰まり、黙り込んでしまうのは、最も避けるべき状況です。

言葉の攻撃が来たら、何かしら短い言葉でいいので、打ち返すことが大切です。完璧に返す必要はありませんが、何かしらの返答は必要です。

言葉を失うこと。それが、相手が求めている反応です。

しかし、長々と応じることは不要です。短くても大丈夫です。

長くなるほど、相手はあなたの弱点を見つけ出し、要求を増やしてくるでしょう。めんどうな相手には、深入りせず、必要最小限の対応がベストです。

相手があなたをめんどうだと感じれば、攻撃の対象から外れる可能性があります。会話は簡潔に、しかし、反応はしっかりと。

7つの方法を駆使し、どんな状況でも冷静に対応しましょう。そうすれば、どんな攻撃にもしっかりと対応できるようになります。

第4章

心の弱さがバレない「ポーカーボイス」

——カウンター力②

「自信のない声」の持ち主は、攻撃者の格好の的になる

書店には、数々の言い返し術の本が並んでいます。

しかし、これらの本は、主に「何を言い返すか」に焦点を当てており、「どう言い返すか」について深掘りしているものは少ないのが現状です。

攻撃する人がターゲットを選ぶ際、その判断材料の1つが、相手の声です。自信ないオドオドした声は、相手に対して「こいつは攻撃されても反撃しない」というメッセージを送ります。

彼らが攻撃する理由は単純で、攻撃しやすそうな相手がいるからです。その結果、攻撃者はターゲットとしてあなたを選ぶことになるのです。

心の弱さがバレない声の技術「ポーカーボイス」

「ポーカーボイス」という言葉は馴染みがないかもしれませんが、「ポーカーフェイス」という言葉はご存じでしょう。

これは、ポーカーで相手に感情を読まれないよう、無表情を保つテクニックを指します。

「ポーカーボイス」も、これと同様のコンセプトです。

不安や恐怖を声に出さない方法を学び、人間の声がその人のパーソナリティや心理、自信の有無を表す鏡であることを理解します。

素直な声や話し方で他人と接すると、あなたの心理状態は相手に明らかになってしまいます。

ポーカーボイスを身につけることで、自分の真の感情や思考を相手に悟られず、外部の攻撃から自己を守ることができます。

このテクニックを使えば、あなたは不安や恐怖を隠し、相手に自信に満ちた印象を与えることができるようになります。

ポーカーボイスを身につけたほうがいい人とその効果

ポーカーボイスとは、感情を表に出さず、落ち着いた声で話す技術です。この技術を身につけることで、さまざまな場面でのコミュニケーションが改善されます。特に、パワハラやモラハラを受けた際、不安や恐怖、焦りが声に表れてしまう人にとって、ポーカーボイスは非常に有益です。

具体的なメリットを挙げてみます。

◎余裕のある話し方になる

ポーカーボイスを身につけることで、冷静さと余裕を保ちながら話すことができます。これにより、ストレスフルな状況下でも、自分の意見や感情を適切に表現できるようになります。

◎相手にビビりを悟られない

感情がコントロールできることで、相手に対して自信に満ちた態度を保てます。これにより、他人が自分を見下すことが減り、リスペクトされるようになります。

◎相手に威圧感を与える

落ち着いた声と態度は、相手に対して威圧感を与え、自分の意見をしっかりと伝えることができます。これは、特に対人関係において、自己主張が重要な場面で効果を発揮します。

◎相手に言い負かされない

ポーカーボイスは、自分の意見や立場を冷静に、かつ堂々と表現するためのツールです。この技術を用いることで、他人に言い負かされることなく、対等な立場でコミュニケーションを取ることができます。

これらのメリットを鑑みると、ポーカーボイスは、特に職場環境や人間関係において、プレッシャーやストレスに直面することが多い人にとって、強力なスキルとなります。

ポーカーボイスを身につけることで、自分の意見をしっかりと相手に伝え、より堂々と、かつ積極的に自己主張できるようになり、職場やプライベートにおいても、さまざまな問題に対処する力を習得することができます。

「ポーカーボイス」のつくり方

では、さっそくポーカーボイスのつくり方について解説していきます。

相手になめられない、バカにされないためには、話し合いにおいて、2つの雰囲気を醸し出すことが必要になります。

それは、「余裕感」と「威圧感」です。

◎余裕感

相手から攻撃を受けた際に、「その攻撃は、私には効いていませんよ」「なんとも感じませんよ」というメッセージを与える声です。

◎**威圧感**

これは、相手に攻撃をしようという気持ちを萎えさせる声です。「私はあなたの攻撃を受けつけませんよ」というメッセージを与えます。

巷にあふれる「口の形」では無理!?
余裕感&威圧感をつくる「口の形」とは？

ここでは、相手からの攻撃に対して、余裕を持って言い返している雰囲気を醸し出せる口の形と、「威圧感」を演出することができる口の形を説明していきます。

あなたは、これまでに話し方やボイストレーニングに関する本を読んだことがありますか？

その多くには、魅力的な声で話すための「あいうえお」の口の形についてのイラスト説明が含まれています。これを私たちは「従来型」と呼んでいます。

このように解説している本を読んで、不思議に思ったことはありませんか？

テレビで見るアナウンサーや、俳優さんが話す際、口の形を見てみてください。必ずしもこの型のとおり話しているわけではないはずです。

実際にそのような口の形で話すと、不自然で角張った、まるでロボットのような声になってしまうでしょう。

この口の形で一貫して話すことは非常に困難です。なぜなら、正しい発声を生成するためには、5パターンの異なる口の形が必要だからです。

それを正確に模倣しようとするのは、非常に難しいのです。


私がボイストレーニングの専門家として15年以上の経験を持つ中で、特に最近増えてきたのは、職場などでのハラスメントによって声を失うという問題を抱える人たちです。

彼らは、リラックスしている状況では普通に声を出すことができますが、攻撃的な人物が前に現れると、声が震えたり、止まらない咳払いに見舞われたり、最悪の場合、

「あいうえお」の口の形（従来型）

口を縦に大きく開く。
指が縦に２本入るイメージ。

口角を横に引っ張って発音する。

**よく見かける
従来型の口の形で
話すと、不自然で
角張った、
ロボットのような
声になって
しまう……。**

口を前に軽く突き出
して発音する。

口を開いて横に引っ
張りながら発音する。

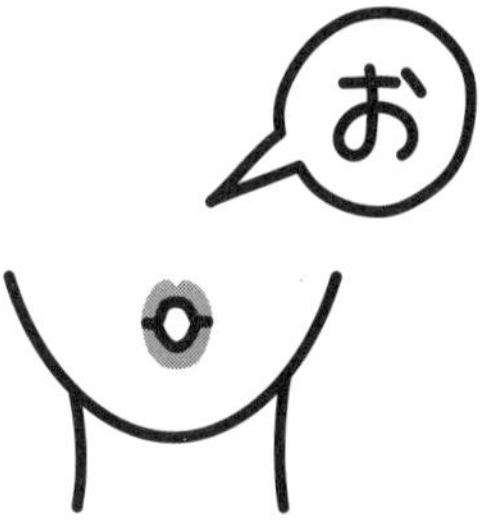

口を前に軽く突き出
して発音する。

声がまったく出なくなってしまうのです。

医療機関での診断結果は、「過緊張性の発声障害」や「痙攣性の発声障害」といったもので、中には「喉に特に問題は見られないが、これはストレスが原因です。ストレスを減らすように」とアドバイスされるだけで、具体的な治療法を示されないケースも散見されます。私は、仕事を通じて、こうした苦しみを抱える多くの人たちに出会ってきました。

これらの方々に共通するのは、声が出なくなったときに先に説明した従来型の口の開け方で一生懸命話そうとすることです。

ただ、そんな人たちでも、口の形を変えて話すことでスムーズに話せるようになった方法があります。

それが、これから紹介する「ポーカーボイスMJ型」と「ポーカーボイスNHK型」の口の形で話すという方法です。

攻撃にも屈さない「余裕感」を感じさせる「ポーカーボイスMJ型」

ＭＪとは、民放の女子アナウンサーがバラエティ番組などで司会を行なう際の口の形から名付けられました。これらの女子アナウンサーは、非常に厳しい選考を通過してきた、いわば「好印象の天才」とも言える人たちです。

彼女たちの表情は常に明るく、笑顔で私たちを魅了してくれます。

女子アナウンサーが話すときの口の形は、逆三角形で、上の歯がしっかり見える形になっています。

このような口の形で話すと、目尻が自然に下がり、笑っているような表情がつくられるのです。

この表情は、相手だけでなく、周囲の人々にも「余裕」や「自信」を感じさせます。

一方、私たちは日常で、攻撃してくる相手からの厳しい言葉に対して緊張したり、口を小さく開けて小声で話したりすることがあります。頑張って言い返そうとすると、声が震えたり、舌を噛んでしまったりして、話すのが難しくなることもあります。

しかし、緊張や恐怖でいっぱいであっても、笑顔で話すことで、その内面を隠し、強く見られるようになります。

これこそが、「ポーカーボイスＭＪ型」の魅力です。

ＭＪ型の口の形から出る声は、明るく、ハキハキとした声質になります。

この声は、聞く人にエネルギッシュさや自信を感じさせます。誰かが攻撃的な態度を取っても、ＭＪ型の笑顔で応えると、その攻撃の勢いが失われます。

ＭＪ型の口の形と声は、私たちに「明るさ」と「自信」を持ってコミュニケーションを取る方法を教えてくれます。


動画も用意しましたので、下のＱＲコードをチェックしてみてください。

「あいうえお」の口の形（MJ型）

「い」を発音するときと同じように、口を横に引っ張り、わずかに口が縦に開く。

口角を横に引っ張って発音する。

笑顔で話すことで、
余裕があると見られる。
MJ型の口の形から
出る声は、
明るく、ハキハキと
した声質になる。

口角を横に引っ張って発音する、もしくは、口を前に突き出して発音する。

「い」を発音するときと同じように、口を横に引っ張って発音する。

口を軽く前に突き出して発音する。

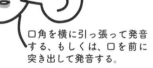

「ポーカーボイスＭＪ型」の特長

彼女たちの話しているときの口の形は、上の歯がすべて見える逆三角形です。

この口の形で話すと、自然と目尻が下がり、笑顔の表情がつくられます。

このため、相手に好印象を与えるだけでなく、「余裕」を感じさせる効果もあります。

人は、笑顔で話している相手から「余裕」や「自信」を感じ取るのです。

ＭＪ型の口から発せられる声は、「明るく通る声」になります。

この声には、自信と高いエネルギーが込められています。

この笑顔と声を武器に、相手の攻撃を受け流し、その悪意の牙を削ぐことができます。この口の形で話すことで、たとえ心の中が恐怖と緊張でいっぱいでも、それが外部に漏れ出ることはありません。これが「ポーカーボイスＭＪ型」です。

表情と心は密接につながっている

攻撃的なコメントや意見に直面したとき、多くの人は緊張やプレッシャーを感じます。顔が引きつり、口が思うように動かなくなることもありますね。その結果、声が小さくなったり、話しづらくなったりすることはよくあります。

しかし、大事なのは、自信があるから笑顔で話せるのではなく、笑顔で話すことで自信が生まれる、ということです。

表情と心の中は密接につながっています。明るい表情で話すことで、心も自然とポジティブな方向に向かい、相手にも良い印象を与えることができるのです。

対人コミュニケーションにおいて、口の動きや表情は、非常に重要な要素です。それらを意識的にコントロールすることで、緊張や不安を乗り越え、相手に自信に満ちた印象を与えることが可能です。

このテクニックを利用することで、あなたもどんな状況でも余裕を持ってコミュニケーションを取ることができるようになるでしょう。

相手に「信頼感や真摯さ、威圧」を感じさせる「ポーカーボイスNHK型」

民放の女子アナウンサーたちは、常に笑顔で話しているわけではありません。特にニュースを読む際や、暗い話題を扱うときは、異なる表情や口の形が求められます。そのような状況では、笑顔で話す「ポーカーボイスMJ型」の口の形は適していません。

これに対し、重い話題を伝える際には、「信頼」や「真摯さ」を感じさせる口の形が必要になります。

ここで登場するのが、「ポーカーボイスNHK型」と呼ばれる口の形です。NHKは多くの人々にとって信頼感や安心感の象徴です。NHKのアナウンサーたちがニュースを伝える際の口の開き方がNHK型の起源です。

ただし、これはNHKだけに特有のものではなく、多くのアナウンサーがニュースを読む際に用いる共通のテクニックです。

「あいうえお」の口の形（NHK型）

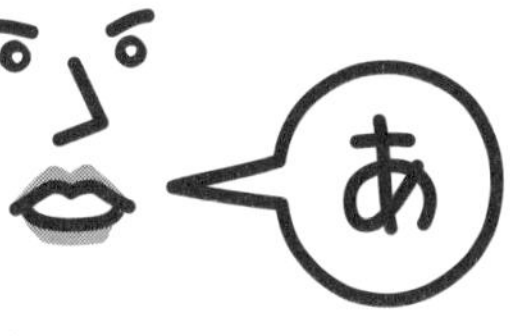

口は縦に開くが、大きく開けるのではなく、「あっ！」と何かに気づいたり、軽く驚いたときに声が出る際の口の大きさ。

唇はほとんど横に開かず、「あ」の口幅で発する。口の中の空間は狭くなる。

相手に「信頼感や真摯さ、威圧」を感じさせる口の形。毅然とした態度で立ち向かう際に有効。

「い」の口の形から唇をやや丸めて音を発する。口先を尖らせすぎないように。

「あ」と同じ口の形で発音。自然と舌の根本が持ち上がるイメージで。横に大きく引っ張らない。

「う」の音をベースに下あごを下に下がるイメージ。「う」より口の中の空間は広くなる。

また、ポーカーボイスＭＪ型は、女子アナウンサーだけでなく、男性アナウンサーもバラエティ番組などでよく用いています。

ＮＨＫのアナウンサーも、バラエティ番組での司会や明るい話題のニュースを伝える際には、ＭＪ型を採用することがあります。

例えば、「上野動物園のパンダに赤ちゃんが産まれました！」といったポジティブなニュースの場合、アナウンサーはＭＪ型の口の形で伝えることが適しています。

それでは、ＮＨＫ型の口の形について詳しく解説していきましょう。

この口の形を使うことで、あなたは真摯さや誠実さを伝えることができます。

めんどくさい相手からの攻撃に対して、毅然とした態度で立ち向かう際には、このＮＨＫ型の口の形が重要な役割を果たすのです。

動画も用意しましたので、ＱＲコードをチェックしてみてください。

「ポーカーボイスＮＨＫ型」の特長

どちらかと言うと、口は大きく開けず、小さく開けて音を発するイメージです。ＮＨＫ型は、口を縦に大きく開けたり、口角を横に引っ張ることはありません。顔の中心部分と胸板に響くドスの利いた落ち着いた声がつくりやすくなります。この伝え方で無表情で伝えると、威圧感を相手に与える声になります。

発音の練習方法は、「あ→え→い→う→お」の順番で発音練習してみてください。

「あ」から「え」に移行するときは、「あ」の口の形をキープしたまま「え」と発音。「い」から「う」に移行するときは、「い」の口の形からやや唇を丸めて「う」。「う」から「お」に移行するときは、「う」の口からやや下あごを下げるイメージで発音。

毎日、1、2分程度でいいので、繰り返し練習してみてください。

声の震えやこもりの原因は何か？

めんどくさい相手からのパワハラやモラハラ的言動に対して、多くの人は恐怖を感じ、声が震えたり、言葉が出にくくなったりします。

こういうときは、舌に問題が発生しています。舌の根本部分が硬化し、舌が喉の奥方向に引っ込んだ「舌引きこもり」状態になります。

これを「喉が閉まった状態」と表現します。

この結果、気道が確保しにくくなり、呼吸が浅くなって心臓がドキドキと速くなります。

こんな酸欠による心臓ドキドキ状態に陥った際、多くの人は「自分はメンタルが弱いからドキドキするんだ」と間違った解釈をします。

実は単に喉が開いていないことから引き起こされる、酸欠ドキドキにすぎません。喉が開けば、緊張や恐怖を感じても、はっきりと大きな声で発言することができます。

緊張下でも震えない声で、はっきりと話す方法――ＡＫＢ発声法

ここで、恐怖下、緊張下でも震えない声ではっきりと話せる練習法をご紹介します。それが「ＡＫＢ発声法」です。

このトレーニングを行なうと、喉が開く感覚が瞬時につかめます。「喉が開く」とは咽頭が下がる現象を言いますが、わかりやすい例で言えば、私たちがあくびをしているとき、喉が開いています。

試しにやってみてください。「はーーーあーーー」と豪快にやってみると、響きのある大きな声が出るはずです。この喉が開く感覚がわかるようになると、大きな声、通る声、高音、低音が楽に出せるようになります。喉も痛めないで何時間も話せるようになります。

【ＡＫＢ発声トレーニングのやり方】

①あくびをしながら、「ふあ〜あ〜」と声を出してみましょう。３回行ないます。

②あくびの感覚がよくわからない人は、両手のひらに、暖かい息を勢いよく「はーーーー！」と吐きかけてみてください。

③次に、あくびをするイメージで、声を出す練習です。あくびをしながら、以下の文章を声に出して読んでください。まず、あくび度数１００％で読んでください。

「おはようございます」

「ありがとうございます」

「よろしくお願いします」

④次に、あくび50％のイメージで読みます。喉のあくび感覚は変えずに、先ほどに比べて明瞭な発音を意識します。

⑤その次は、５％のあくび度数で読んでみます。

⑥同じくあくび度数１００％状態の喉の感覚のまま、さらに言葉の明瞭さをアップして読んでみます。

緊張下でも震えない声で、
はっきりと話せる「ＡＫＢ発声法」

大きな声、通る声、高音、低音が楽に出せるようになる。
喉も痛めないで何時間も話せるのが特長。

喉の奥に空間ができたような感覚がつかめるはずです。毎日1分ほど練習してみてください。

動画も用意しましたので、下のQRコードをチェックしてみてください。

声の暴力に立ち向かう声のつくり方――簡単腹式発声法

めんどくさい相手からの大声や怒鳴り声にはどう対抗すればいいのでしょうか？

多くの人はメンタルの強化が必要だと考えがちですが、実はもっとシンプルな対処法があります。

それは、自分自身がいつでも大きな声を出せるように準備しておくことです。

大きな声で言い返せる自信があると、心に強さと余裕が生まれます。

普段、小さな声で話すことに問題はありません。なぜなら、それがあなたが最も安心して立ち振る舞えるセルフイメージだからです。しかし、緊急時に相手に立ち向かうためには、大きな声できっぱりと言い返せる自信が、日常の安心感につながります。

大きくて力強い声を出すためには、横隔膜を利用して、息をしっかりと吐き切る必要があります。

ただ、小さい声で話すことに慣れてしまうと、横隔膜の動きが鈍化し、活用が難しくなります。

「簡単腹式発声法」は、この横隔膜を効果的に刺激し、腹式発声を簡単に行なえるようにするエクササイズです。これにより、望む音量を自由自在にコントロールすることができます。

【簡単腹式発声法のやり方】

まず、片手で軽く握りこぶしをつくり、これを口の少し下に位置させます。その状態で鼻から息を吸い、つくったこぶしの中に向かって、力強く息を4回「フッ！」と吐き出し、5回目は「フーーーッ」と長く吐き出します。

①「フッ」1回につき1秒ほどのペースで、「フッ！　フッ！　フッ！　フッ！　フーーーッ！」を1セット行ないます。

②息を吐くときに、横隔膜まわりの筋肉（みぞおち辺り）が前に押されていることを確認してください。

③風船を膨らませる要領で、3セット繰り返してください。実際に風船を使ってもOKです。

動画も用意しましたので、下のQRコードをチェックしてみてください。

声の暴力に立ち向かう声をつくる「簡単腹式発声法」

1

①片手で軽く握りこぶしをつくり、
これを口の少し下に位置させる。

2

②その状態で鼻から息を吸う。

3

③つくったこぶしの中に向かって、力強く息を4回「フッ！」と吐き出し、5回目は「フーーーッ」と長く吐き出す。

④息を吐くときに、横隔膜まわりの筋肉（みぞおち辺り）が前に押されていることを確認する。

威圧感のある響く声のつくり方——逆腹式呼吸発声法

ここでは、心身を健康に導きながら、威圧感のある、芯のある声が出せるようになる「逆腹式発声法」を紹介します。

秘密は自律神経です。自律神経は、血流をコントロールする役割を担っています。血流が良くなると、免疫力もアップし、身体の調子が整います。

自律神経は、「交感神経」と「副交感神経」に分けられます。交感神経は、血管を収縮させ、血圧を上げる働きを持っていますが、交感神経が優位になりすぎると、緊張や興奮状態を導きます。副交感神経は、血管を緩ませ、血圧を低下させる働きを持っており、副交感神経が優位に働くとリラックス感を導きます。

自律神経は、交感神経と副交感神経のバランスが大切です。特に相手から攻撃を受けやすい人は、緊張、不安、怒りなどストレスフルな環境の中で、交感神経優位の生活を送っていて、副交感神経のレベルが下がっている人が非常に多いのです。

そんな状態ではリラックスできず、ドギマギしたビビりの状態で過ごすことになります。

「逆腹式発声法」での発声を繰り返し行なうと、副交感神経を優位に働かせることができます。

交感神経の暴走を抑え、自律神経のバランスを整えてくれるのです。

そして、この状態で発せられた声は、不安やビビりを感じさせない「腹が据わった威圧感を感じさせる響きのある声」になるので、無用な攻撃を受けることが少なくなります。

【逆腹式発声法のやり方】

①息を吸う際は、鼻から息を吸い入れ、お腹が風船のように膨らむことを意識します。息を吸う後半では、胸部も持ち上げます。吸う動作の目安時間は３秒です。

②息を吐く際は、リラックスして口からゆっくりお腹に圧力がかかるのを感じながら息を吐きます。

そして、息を吐きながら「はーーーー」という声を５秒間出してみましょう。通常、

腹が据わった威圧感のある響く声をつくる「逆腹式呼吸発声法」

①丹田のあたりに手を重ね、息を吸ったときに鼻から息を吸い入れて、お腹が風船のように膨らむことを実感。

②お腹を膨らませたまま、「はーーー」と声を出す。

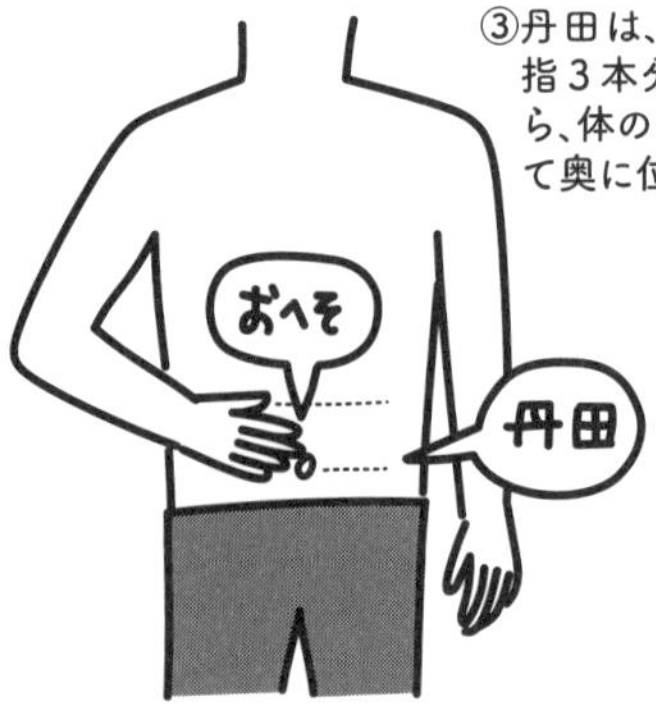

③丹田は、おへそから指3本分下の部分から、体の中心に向かって奥に位置する。

声を出し続けると、息も吐いていくので自然とお腹がへこんでいくと思いますが、ここではお腹がへこまないように腹圧を高めてお腹を膨らませたまま声を出すのがポイントです。

５秒は意外と長く感じられるかもしれませんね。慣れてきたら、声を出す時間を10秒、15秒と延ばしていきます。これを一日1分程度続けてみてください。

相手にビビりを感じさせない、軽やかな通る声のつくり方――ニャニャニャ発声法

通る声が出せるようにするために、声帯の筋肉を鍛えます。そうすることによって、喉が開く感覚が身につきます。

そこでおすすめなのが、「ニャニャニャ発声法」です。

声全般の「音の抜け」が良くなり、さらに高い声でこの発声を行なうことで、通る声や高い声を出す声帯の筋肉の筋トレができます。

「ニャ」と高音を発声することで、自然に舌の形がお椀型になります。結果、すんな

り喉が開いてくれるのが、このトレーニングの特長です。

【ニャニャニャ発声法のやり方】

①可能な限り高い声で、裏声っぽく「ニャ」と発声する。

②「ニャ」と発声するときは、口角を上に上げながら、あごを下に落として発声します。

次の例文を参考にして、自分の出せる最も高い声で音読してみてください（名前は自分の名前でも構いません）。

（例文）

こんにちは。わたしのなまえは、（つかさたくや）です。

※「ニャ」を5回言ったあとに、名前を読みます。

ニャニャニャニャニャこんにちは

ニャニャニャニャニャわたしのなまえは

軽やかな通る声をつくる「ニャニャニャ発声法」

可能な限り高い声で、裏声っぽく「ニャ」と発声。
「ニャ」と高音を発声することで、自然と舌の形がお椀型になり、
結果、自然と喉が開くようになる。
繰り返すことで、声全般の「音の抜け」が良くなる。

ニャニャニャニャニャつかさ
ニャニャニャニャニャたくやです。

5つ目のニャを言ったあとは、継ぎ目なく、すぐに言葉を発します。

次に、先ほど行なったニャニャニャでつくった声の高さの感覚、喉の奥の感覚を維持したまま、普通に文章を読みます。

こんにちは　わたしの　なまえは　つかさたくやです。

あえて自分の感情や緊張を隠す技術

日常的に声を使わないと、その能力は低下してしまうことがあります。

また、他人の批判や評価に敏感になると、話すことを恐れ、さらにその機能が弱まってしまいます。

この問題は、単に「話すのが苦手」という問題だけでなく、自分自身の声を出す能力そのものが低下してしまうという悪循環に陥ります。

そこで大切なのは、この悪循環を打破することです。

コミュニケーションを恐れず、少しずつでも自分の意見を伝える習慣を身につけると、徐々にその恐れは薄れていきます。

本書では、小難しい相手や厳しい状況に立ち向かうためのコミュニケーション方法を解説していますが、最も重要なのは「心の持ち方」です。

自分自身の価値観や自信がコミュニケーションの質を大きく左右します。


とは言え、自信を持つことは簡単ではありません。

しかし、声や話し方を変えることで、自分をより自信に満ちた人物として見せることはできます。その結果、他人の目線や評価を気にせず、自分の意見を堂々と伝えることができるようになります。

本書が提案する「ポーカーボイス」は、自分の感情や緊張を隠す技術です。外見上の自信は内面の自信へとつながり、コミュニケーションの質を高めることになります。

第5章

何を言われても動じないメンタルのつくり方

——クッション力

何を言われても動じないメンタルづくり

これまでの章では、私たちは言葉の力やコミュニケーション術を通じ、相手からの影響を受けず、言い返す方法やテクニックについて探求してきました。

これらの知識やスキルは、相手のパワハラ、モラハラ的な言動に対して、操作されたり、見下されたり、支配されたりする危険を減らす手段となります。

私たちの日常には、残念ながらパワハラやモラハラといった問題行動を繰り返す輩《やから》が存在します。彼らはパワハラ、モラハラと悟られないように、あなたを巧妙にコントロールしてこようとします。

その方法論は、時に詐欺集団やカルトによるマインドコントロールの手法と似ています。

相手がこのような手法を使っていることを早期に察知できれば、無意識下でアラートが発動し、「何かおかしい」「何か怪しい」という警報があなたの中に鳴り響くようになります。それがあなたの心を守る自己防衛の第一歩となり得ます。

人間関係が日常のあらゆる場面で繰り広げられるように、ビジネスの舞台でも、取引の条件や会社内の人間関係の微妙なバランスが、相手の利益を最優先しようとする試みに影響します。

そのため、これらの状況で自身の立場を保ち、他人に操作されないようにするためには、適切な心構えや心理学の知識・理解が不可欠です。

そこでこの章では、これまでに学習したテクニックに基づき、他人からの攻撃に傷つかない心構えや心理テクニックに焦点を当てていきます。

これにより、あなたは他人とのコミュニケーションをより適切にコントロールし、健全な人間関係を築いていくことができるでしょう。

すべての人に「いい人」と思われる必要はない

あなたには、「すべての人を愛さなくてもいい」という自由があります。また、「あなたを傷つける人に対して無関心で相手にしなくていい」自由もあります。

多くの人は、他人に嫌われないように努力し、できるだけ多くの人に好かれることを目指して生きています。

しかし、これが度を越えると、自分を縛り、心の自由を奪うことになります。

私たちは、小さい頃から他人に迷惑をかけないよう、親切であるよう教えられてきました。

人から親切にされたら、お返しをしたいと自然に感じるのは、これが根付いた礼儀としての心構えからです。

しかし、あなたのその誠実性は、時に利用されてしまうリスクがあります。

例えば、ある店で無料サンプルを受け取ったとき、何かお返しをしなければと感じるのは、返報性の原則が働いているからです。しかし、これに過度に応える必要はありません。サービス品を受け取ったからといって、何かを購入する義務はないのです。

パワハラやモラハラをする人たちは、最初はあなたに何かしらの恩義を感じさせるような行為をして、あなたの信用を得ようとします。その後、お返しを求めて、不当な要求をしてくるのです。

返報性の原則に縛られてしまうと、あなたは相手に何か恩を返さないといけないと、その要求に応えようと、いつまでも相手にコントロールされ続けることになります。

すべての人に「いい人」と思われる必要はないのです。

自分の価値を大切にし、自分の心地よい範囲で人間関係を築くことが重要です。他人からの不当な要求には、適切に距離をとり、自分を守ることが大切です。

他人に振り回されない自分になるためのデイリーワーク5選

他人の言動に振り回されない心を手に入れるための第一歩。

それは、自分の心と向き合い、自分は価値ある人間で、自分が自分を一番信じ、それまで生きてきた過去も丸ごと受け入れ、その上で、今この瞬間の自分を無条件で受け入れることです。

これからお伝えする心と向き合うワークを毎日コツコツと行なうだけで、明らかに他人に振り回されない自分が手に入ります。気軽な気持ちで、できるものから試してみてください。

①マインドフルネス瞑想

・**ステップ1：**忙しい一日の中で、5分から10分の静かな時間を見つけます。静かな場所で座り、目を閉じ、すべての雑念を除外し、この瞑想《めいそう》に集中します。

・**ステップ2：**深呼吸を3回行ない、体の緊張を解き放ちます。その後、自然な呼吸に戻り、吸う息と吐く息に注意を向けます。

・**ステップ3：**雑念が浮かんできたら、それを無理に追い払わずに認識し、再び呼吸に集中を戻します。このプロセスを瞑想の時間が終わるまで続けます。

・**ステップ4：**5分から10分後、ゆっくりと目を開け、ゆるやかに日常の活動に戻ります。

・**効果と指標：**1カ月間の継続的な実践後、不安やストレスの軽減、集中力の向上、精神的な平穏を感じることができます。

②感謝の日記

・**ステップ１：**毎晩、寝る前にその日一日を振り返り、感謝していること３点をノートに記録します。

・**ステップ２：**各項目について、50〜１００文字でその出来事がなぜ重要であるのかを書きます。

・**ステップ３：**これを少なくとも30日間続けます。

・**効果と指標：**継続的な実践により、２週間程度で日常の幸福感の向上や、ポジティブな気持ちが持続することを実感できます。

③自己アファメーション

・**ステップ１：**自分にとって意味のあるポジティブな言葉やフレーズ、例えば、次の５つを用意します。

「私は自分自身を完全に受け入れ、愛しています」
「私の幸福は他人の意見に左右されません」
「私は困難を乗り越え、強くなることができます」
「私は自分の人生を積極的に創造し、成功に導きます」

「私は周囲の人々にポジティブな影響を与え、支え合い、成長します」

・**ステップ2：**朝起きたときと就寝前に、これらのアファメーションを声に出して読み上げます。鏡の前で自分自身の目を見つめると、より効果的です。

・**ステップ3：**これを30日間続け、自己肯定感の変化に注意を払います。

・**効果と指標：**約1カ月後には、自己肯定感の向上や、困難な状況における対処能力の強化を感じることができます。

これらの方法は、継続的に実践することで、自分自身の精神的な強さを育み、他人の言動に左右されず、自己中心を保つ助けとなります。毎日少しずつ行なうことで、心の平穏や生活の質が徐々に向上していくことでしょう。

④自分責め解放ワーク

自分のせいで他人に迷惑をかけたり、問題を引き起こしてしまっていると自分を責めすぎてしまうがゆえに、相手に蔑《ないがし》ろにされ、責められて、落ち込んでしまった。ハラスメントを受けてもこんな自分だから責められても仕方ない――。

そう思い込んでしまう自分をなんとかしたいと、私のセッションを受講された方の事例を参考にしています。

あなたが子供の頃に感じた「自分が悪いから問題が起きてしまった」という経験を１つ思い出してください。

※ここでは、私がある生徒さん（女性）に行なったセッション事例を書き出しています。

①このトレーニングでは、あなたの中にあるその経験を１つの映画として映画館で上映されるイメージを持っていただきます。

②あなたが他人に迷惑をかけてしまったと思い込んでいるシーンが映し出されました。

③（例）両親が不仲で、よく喧嘩をしている。幼いあなたが仲裁をしているシーン。

④母親があなたに「本当は離婚したいけれど、あなたたちのために我慢している」と話しているシーン。

そんなシーンが映し出されました。

⑤映画の上映にあたっては無声の白黒映画で、セリフは字幕に映し出されて上映されているとイメージしていただきます。

⑥このイメージトレーニングでは、あなたはそのシーンを当事者ではなく、第三者の観客の視点で観てもらいます。

⑦映画を観終わったあと、自分に向けて「この映画を観て、当時の私が心に抱いたこと、言いたかった言葉は何か？」と自分に問いかけます。

⑧実際のセッションでは、その生徒さんからは「そんなに喧嘩ばかりするなら、とっとと離婚して！　私のせいにされてはたまらない！」、そんな言葉が出てきました。

「なんでも私のせいにして、そのせいで私はいつも自分を責めてツラかった！」と涙を流しました。

声に出すことを禁止していた言葉を口にできたことは、彼女の心に大きな変化をもたらしました。私は悪くない、自分が両親の離婚を阻んでいたのではない……。

「なんでも私のせいにしないで！」

そのひと言は、ツラい思いをしているお母さんに絶対に言えない言葉でした。
「(母を) 悲しませたくない」という気持ちが強く、でも「私のせいにしないで！」という板挟みの気持ちから、「自分が悪い」という思い込みを持ち続けていたことに気づくことができました。

その「自分は悪い」ということが大前提で、その後の人生も生き続けてきたので、ハラスメントを受けても責められるのは仕方ない、とあきらめていました。

今では、お母さんと仲良く過ごし、あのときの言えなかった言葉も、笑って言えるようになったと言います。

話をする中で、あのとき、お母さんなりに考えて離婚しなかった。子供たちを絶対に不幸にしたくなかった。少なくとも、金銭的な不安を子供に感じさせたくなかった。おかげで大学まで通わせることができた。それを見届けてからお母さんは離婚して、今は幸せにしているそうです。

本当の気持ちに気づくことで、自分の感覚と現実が一致し、心の深い部分でずっとモヤモヤしていた感情を消化し、過去を整理することができるようになります。

過去と現在を明確に区別し、認識することで、小さな刺激にもトラウマや罪悪感を感じることが減少します。

⑤最低最悪クソクソダメ人間作戦

ワークショップなどでよく受ける質問に、

「自信を持つには、どうしたらいいですか？」

「先生は精神的な強さを保つためにどのようなことをしていますか？」

といったものがあります。

そういった質問に対して私は、

「自分は〝最低最悪クソクソダメ人間〟と思うこと」

と答えています。

この反応に、多くの生徒さんが驚きの表情を見せます。理由を説明しましょう。

「最低最悪クソクソダメ人間作戦」を採用すると、すでに自分が最下位にいるという位置付けなので、それ以下には落ちることができません。

だから、他人に否定されたとしても、

「そのとおりです。でも、それが何か問題ですか？」

と自分を守る思考パターンが生まれ、怒りや失望を感じることがなくなるのです。

つまり、「最低」と言われても、それはもはや自明の理ですので、何の新鮮味もない、というわけです。

しかし、この考え方には、反対意見もあります。

「私は他人から否定されると、自分もそのとおりだと思い込んでしまいます。なので、その戦略には同意できない」という意見です。

大切なのは、他人があなたに〝ダメ人間〟のレッテルを貼るのを受け入れることではなく、**自分自身が自分を「完璧に不完全」と認定する**ことです。

他人の評価に左右されず、一度自分でそのレッテルを自分に貼り、それを認識したら、他人の肯定的な言葉も素直に受け入れられ、無意味な批判は簡単に無視できるようになります。

公の場で緊張するときや、仕事がうまくいかないときなどに、このマントラを唱えてみてください。心が軽くなるはずです。

＊

コミュニケーショントレーナーになる前の私自身、他人が楽しんでいる間に一生懸命努力し、それにもかかわらず認められない苦しみを感じ、フラストレーションを抱えていました。

しかし、努力の結果をほめてもらいたいという期待があり、その期待が果たされないと、不満やイライラが募るばかりでした。

不意に、夢の中で予備校時代の現代文の先生が教えてくれた夏目漱石の「則天去私」の概念を思い出しました。

「則天去私」とは、単に「自我を放棄する」ことを指すのではなく、「宇宙や自然の理に従い、私欲や執着を捨てる勇気」を意味します。

この言葉には多くの解釈がありますが、そのとき私は、自分が社会の価値観に基づいて、期待される自分になろうとしていることに気づきました。

自信とは、成功した経験や多くの実績からのみ得られるものだと考えていましたが、この「則天去私」の概念に触れ、初めて真の自己を見つめる勇気が生まれました。

その瞬間、私は自分がいかに「完璧に不完全」な存在であるかを深く受け入れ、そこから解放される感覚を得ました。長年にわたるストレスが解消され、自然に涙が流れました。

＊

では、最後に「最低最悪クソクソダメ人間作戦」の具体的なワークを紹介します。

・**ステップ１：**まず、他人から受けた否定的なフィードバックや批判、嫌味など、人生を通じて耳にしたネガティブな意見をすべてリストアップし、書き出します。（15分）
・**ステップ２：**次に、ポジティブな側面、つまり他人からほめられたことや肯定的

な評価を同様にリスト化し、これも書き出します。（15分）

・**ステップ3：**これらのリストを元に、ネガティブな意見とポジティブな意見をそれぞれ録音します。その後、再生しながら、自分に向けられたそれぞれのコメントを受け入れるプロセスを体験します。例えば、「仕事が遅い」というフィードバックがあれば、「たしかに、仕事が遅い」と自己承認します。このプロセスは、ポジティブなコメントに対しても行ないます。

おもしろいことに、この方法を実践すると、他人の批判や否定的な評価、さらにはハラスメントに対しても、心が動じなくなるのです。

それは、

「そのとおりかもしれない。それで何？」

という心の余裕から来る冷静さと自己受容の表れです。

つまり、自分の強みと弱み、そして完璧ではない部分をすべて受け入れることで、他人の言葉に左右されず、内面の平穏を保つことが可能になるのです。

このシンプルながらも強力なワークを通じ、私たちは自分自身と他人からの評価に対する新たな見方を開発し、心の安定を深めることができます。

このアプローチの美点は、自分の欠点を受け入れることで、同時に他人からの賞賛や肯定も素直に受け止められるようになることです。

結果として、他人の言葉に傷つくことなく、自己肯定感を高め、内面の安定を得ることができます。

おわりに

この本は、私のライフワークである心理学の知見を基に、ハラスメントやその他の心的攻撃から身を守る方法について解説させていただきました。

私自身が過去にさまざまな形での攻撃を受け、多くの試練を乗り越えてきた中で、心理学的なアプローチがいかに有効であるかを体感してきました。

過去に体験したいじめや各種ハラスメントから、言葉の応酬だけでは状況が好転しないことを痛感してきました。無視や距離の設定も試みましたが、根本的な解決には至らず、違う環境で同様の出来事が繰り返される苦しみを知っています。

私がお伝えしたいのは、人間社会の残酷さを生き抜くために必要な「したたかさ」や、自己保護のスキルの重要性です。

その一環として、本書では心理学的アプローチや、相手の心理を理解し、適切に対処するための戦術を解説しています。

第2～4章では、ストレスを溜めずに対人関係の攻撃から身を守る具体的な方法を提案し、時には敵対者を味方に変えるコミュニケーションの技術についても触れました。

そして、最終章では、自分を変え、攻撃を受けても動じない強さを内面から築き上げる方法に焦点を当てました。

本書が、読者の皆さん一人ひとりの内面の強さを支える手助けとなり、より健やかな人間関係の構築に寄与する一助となれば、これに勝る喜びはありません。

これからも、私の話し方や心理学に基づく探求は続きますので、どうぞ温かい目で見守っていただければ幸いです。

改めて、ご閲読いただきまして、ありがとうございました。

感謝を込めて

司　拓也

【著者プロフィール】

司　拓也（つかさ・たくや）

コミュニケーショントレーナー。声と話し方の学校「ボイス・オブ・フロンティア」代表。日本話す声プロボイストレーナー協会代表。活動歴は15年。年間セッション数は100以上。1万人以上のコミュニケーションの悩みを解決。幼少期のいじめ、学生・社会人時代になってからの上司や顧客からのモラハラ、パワハラ体験からうつ状態を経験。このままでは死んでしまうという危機感から「人の心を誘導し、相手を怒らせずにいじめやハラスメントを受けない方法を見つけ出せば、今後苦しむ必要はない」という強い思いから、心理学やコミュニケーションスキルを貪欲に探求。相手からのハラスメント的言動に対し、その攻撃力を無力化し、相手を怒らせることなく、言いたいことを言えるようになり、自分の心も強くなる「ポーカーボイス&トークメソッド」を開発。現在、心理学をベースとした対人コミュニケーションの講演やセミナーを開催。あわせてコミュニケーションスキルの講師を養成。『繊細すぎる人のための自分を守る声の出し方』（朝日新聞出版）、『超一流の人が秘密にしたがる「声と話し方の教科書」』（光文社）など著書多数。累計18万部超。

◆公式サイト：https://tsukasataku.com/
◆LINE公式アカウント：@tsukasa1357
◆お問い合わせ：tsukasamail1@gmail.com

嫌われずに「言い返す」技術

2024年2月23日　　初版発行
2024年3月9日　　2刷発行

著　者　司　拓也
発行者　太田　宏
発行所　フォレスト出版株式会社
〒162-0824 東京都新宿区揚場町2-18　白宝ビル7F
電話　03-5229-5750（営業）
　　　03-5229-5757（編集）
URL　http://www.forestpub.co.jp

印刷・製本　萩原印刷株式会社

ISBN978-4-86680-259-6　Printed in Japan

嫌われずに
「言い返す」技術

読者の方に無料
特別プレゼント

出る順
「言い返し」頻出ワード集

（PDF ファイル）

著者・司　拓也さんより

著者・司拓也さん書き下ろし原稿「出る順『言い返し』頻出ワード集」を無料プレゼントします。本書の読者限定の無料プレゼントです。めんどくさい相手の攻撃に対して、嫌われずに言い返すために役立つワード集です。ぜひダウンロードして、本書とともにご活用ください。

特別プレゼントはこちらから無料ダウンロードできます↓

https://frstp.jp/iikaesu

※特別プレゼントは Web 上で公開するものであり、小冊子・DVD などをお送りするものではありません。
※上記無料プレゼントのご提供は予告なく終了となる場合がございます。あらかじめご了承ください。